via reise

Dolores Kummer

Müritz

Zwischen Plau am See und Neustrelitz

Tipp Lieblingsorte unserer Autorin

★ Highlights

Grüne Tipps

Familientipps

Preissymbole (Erläuterung ▸ Seite 36)

Hotels & Pensionen (DZ)

€	bis 70 Euro
€€	bis 120 Euro
€€€	über 120 Euro

Wodka
Wodka

Entdeckertouren

Willkommen an der Müritz

Viele Menschen, die zum ersten Mal an die Müritz reisen, sind erstaunt, wie schön es hier ist. Stille Wälder, sanfte Hügel und tausend glasklare Seen, eine wunderbare Landschaft, die es so andernorts nicht mehr gibt.

Was für ein Erlebnis: dem majestätischen Seeadler auf einer Adlersafari ganz nah zu sein, Kraniche brüten zu sehen oder einen Sonnenaufgang am stillen See zu erleben. Wie wunderbar auf einem Boot dahinzuschippern, von See zu See.

Die Stärke der Region liegt auch in der Wahl der Möglichkeiten, zwischen totaler Stille und den vielen Freizeit-, Kultur- und Sportevents. Jeder findet hier etwas, um aufzutanken.

Große & kleine Seen

Das Herz der Region ist „Das Kleine Meer" – die Müritz. Sie ist der größte deutsche Binnensee. Verbunden ist sie direkt mit dem Kölpinsee, dann folgen Fleesensee und Plauer See. Zusammen bilden sie die Großseenplatte. So mancher Segler fand hier schon seine persönliche Herausforderung. Gemütlicher geht es als Wasserwanderer oder bei einer ausgedehnten Dampferfahrt zu.

Rundherum gibt es hunderte von kleineren Seen, jeder ein Biotop für sich. Viele sind wiederum miteinander verbunden, laden zu ausgedehnten Touren ein. Paradiesische Zustände für Paddler, aber auch für Angler und Naturcampingfreunde.

Beliebter Ausflugsort für Wasserwanderer ist der Lenz am Plauer See

Umweltfreundliche Fortbewegung

Das Fahrrad ist neben dem Kanu das Hauptverkehrsmittel an der Müritz. Nordwestlich der großen Seen erstreckt sich die waldreiche Nossentiner Heide und im Osten der Müritz-Nationalpark. Hier ist das Fahrrad perfekt, nicht nur um seltene Tiere zu sehen, sondern auch um die Vielfältigkeit der Landschaft hautnah zu erleben. Sieben große Radwege führen durch die Region, insgesamt mehr als vierhundert gut ausgeschilderte Radkilometer.

Man kann bequem mit dem Zug bis nach Neustrelitz, Waren oder Malchow anreisen. Einen Fahrradverleih oder Reparaturservice gibt es in jedem kleinen Ort.

Im Müritz-Nationalpark und rund um den Plauer See fahren Busse mit Fahrradanhänger, so dass man auch Teilstrecken zurücklegen kann. Eine weitere Kombination ist mit Fahrrad und Schiff möglich.

Richtig was los!

Die Region rund um die Müritz ist normalerweise dünn besiedelt, doch zwischen Ostern und Oktober blüht sie auf. In die kleinen Städtchen zieht Leben ein mit Kunst, Kultur und Sport. Viele Events haben schon eine lange Tradition wie das Malchower Volksfest mit sehenswertem Bootskorso, Feuerwerk und dem karnevalsähnlichen Festumzug. In der Müritzhauptstadt Waren sind es das Müritzfest, die Müritz-Sail oder das Müritzschwimmen. Ein besonderes Highlight ist die Müritz-Saga, ein großes Open-Air-Spektakel. Die alte Residenzstadt Neustrelitz verzaubert mit Festspielen im Schlossgarten. In Plau sorgt die Badewannenrallye für nassen Spaß und in Röbel sind es das See- oder das Hermesfest. Unvergesslich sind auch die Sommerkonzerte auf der Schlossinsel in Mirow. Fischerfeste, Traktorenrennen oder Kunstmarkt, an der Müritz ist richtig was los!

Ein Eingang des Müritz-Nationalparks liegt gleich hinter Waren (Müritz)

Wo es am schönsten ist

Ruhe oder Action, beides ist möglich an der Müritz. Die besten Plätze sind aber immer am Wasser, ob auf dem Hausboot, an einem stillen See im Nationalpark oder am Badestrand. Wasser ist das Element, was hier alle verbindet.

Waren (Müritz)

Die Hauptstadt an der Müritz ist Waren (▸ Seite 44) mit seinem Hafen. Abends sitzt man bei einem Glas Wein auf den zahlreichen Terrassen und genießt einen wunderschönen Sonnenuntergang. Tagsüber lohnt ein Bummel durch die Altstadt oder der Besuch des Müritzeums und im Winter gibt es Erholung im Kurzentrum mit der Warener Heilsole.

Plau am See

Am schönen Plauer See hat sich Plau (▸ Seite 95) herausgeputzt. Ein Bummel entlang der Elde mit Blick auf die malerische Altstadt ist Romantik pur. Alles ist sehr schön saniert, in vielen Cafés und Restaurants kann man am Wasser sitzen. Auf der anderen Seeseite liegt der beliebte Ausflugsort Lenz, der mit seinem breiten Strand für Sommerfeeling pur sorgt. Von der Terrasse des *Lenzer Krugs* kann man den ganzen Tag Dampfer beobachten. Am besten man steigt selbst mit ein und fährt über den Petersdorfer See bis nach Malchow.

Malchow

Die kleine Inselstadt Malchow (▸ Seite 88) ist eine Perle mit der neu restaurierten Klosteranlage. Vom Turm der Klosterkirche hat man einen fantastischen Blick auf die Altstadtinsel und den Malchower See. Die Drehbrücke, die jede Stunde für Verkehrschaos sorgt und wo alle Boote durchmüssen, ist die Attraktion für Besucher auf den Terrassen. Sehenswert

Die Fachwerkhäuser am Marktplatz von Waren (Müritz) wurden liebevoll restauriert

sind auch das DDR-Museum und der nahe *Affenwald*, sowie die Sommerrodelbahn. Lohnend ist ein Abstecher nach Alt-Schwerin ins große Agrarhistorische Museum.

Tierreservate

Eine der schönsten Attraktionen ist der *Bärenwald Müritz* (▸ Seite 102) am südlichen Plauer See. Hier haben Braunbären ein Paradies gefunden, die vorher nicht artgerecht gehalten wurden. Ein Klassiker seit 1957 ist das Wisentreservat (▸ Seite 85) in Jabel am nördlichen Kölpinsee, wo die größten Säugetiere Europas großzügig leben.

Röbel & Rechlin

Fast verträumt wirkt Röbel (▸ Seite 75) mit seinen bunt sanierten Fachwerkhäuschen, vom Turm der Marienkirche hat man einen schönen Blick über das Kleine Meer und die vielen typischen Bootshäuser. Weiter südlich liegt das Gutsensemble Ludorf mit der Oktogonkirche, danach kommt Rechlin (▸ Seite 71), was ein neues Hafendorf und das Luftfahrtmuseum hat, welches über die Geschichte der Erprobungsstelle der Deutschen Luftwaffe informiert.

Wesenberg

Wesenberg ist ein liebliches Städtchen mit einer mittelalterlichen Burg, einem alten Fischerhof und einem gemütlichen Rastplatz für Wasserwanderer. Idealer Ausgangspunkt zur Kleinseenplatte und zum Havelquellgebiet (▸ Seite 65).

Mirow & Neustrelitz

Mirow (▸ Seite 107) erstrahlt mit seiner schön sanierten Schlossinsel und die ehemalige Residenzstadt Neustrelitz (▸ Seite 118) ist ein wahres Mekka für Architekturfans. Mehr als 150 Gebäude stehen in der spätbarocken Planstadt unter Denkmalschutz.

Hafenidylle in Röbel: Segelboote und die Marienkirche im Hintergrund

Wenn in Plau am See gefeiert wird, darf ein Shanty-Chor nicht fehlen ▸ Seite 95

Land & Leute

Müritz heute

Auf den ersten Blick hat sich die Müritzregion in den letzten Jahren sehr gut entwickelt. Die Kleinstädte sind fast perfekt saniert, neue Hafenanlagen oder große Ferienhaussiedlungen sind entstanden. Es gibt zahlreiche neue Restaurants und Hotels und noch nie waren so viele Touristen in der Region.

Allein rund 94 000 Besucher zählt der Müritz-Nationalpark jährlich. Aber wie geht es den Einwohnern? Nach der Wende mussten mehr als die Hälfte mit einem Verlust des Arbeitsplatzes zurechtkommen, Großbetriebe wie das Teppichwerk in Malchow oder die Werft in Rechlin schlossen. Die meisten arbeiteten früher in der Landwirtschaft, doch die LPGs (Landwirtschaftliche Produktionsgenossenschaften) lösten sich auf. Inzwischen ist die hohe Arbeitslosenquote von über 25 Prozent auf rund 12 Prozent gesunken. Aber das ist immer noch mehr als der Durchschnitt in den alten Bundesländern. Es gibt noch zu wenige Betriebe, in denen man ganzjährig arbeiten kann. Die Tourismusbranche ist ein Saisongeschäft. Ob Fischer, Dampferkapitän oder Zimmermädchen, sie alle müssen im Winter Arbeitslosenunterstützung beziehen. Im Jahresdurchschnitt ist das bei steigenden Lebenshaltungskosten zu wenig für eine Familie mit Kindern. So wundert es

Quirlige Volksfeststimmung herrscht in Waren während der Müritz-Sail

nicht, dass es in der Region mehrheitlich nur Ein- und Zweipersonenhaushalte gibt. Nur gut 15 Prozent sind Familien mit einem Kind, die Zweikindfamilie gibt es sogar noch seltener.

Abwanderung nach der Wende

Nach der Wende verließen vor allem junge Frauen die Region, geblieben sind ältere Paare. Die Zahl der Grundsicherungsempfänger stieg in den letzten fünf Jahren ganz enorm an. Diejenigen, die ihre Häuser verkaufen (mussten), taten das mehrheitlich an Pensionäre aus den Alten Bundesländern, welche sich mit dem Kauf ein zusätzliches Sommerhäuschen in schöner Natur gönnen wollten. Inzwischen sind die Grundstückspreise so geklettert, dass junge Familien kaum eine Chance haben. 2015 stiegen erstmals wieder die Einwohner-

Steckbrief: Müritzregion

Ausdehnung: Gut 70 Kilometer Luftlinie von Linstow im Nordwesten bis Neustrelitz im Südosten
Landschaft: Hügel und Täler, große und kleinere Seen, Wald, Moore und Sümpfe, Wiesen und Sanddünen
Größter See: Die Müritz, mit 117 km² zugleich der größte Binnensee Deutschlands
Verwaltung: Die Müritzregion liegt im südlichen Mecklenburg-Vorpommern, in den Landkreisen Mecklenburgische Seenplatte und Ludwigslust-Parchim
Zentrum: Waren (Müritz)

Noch gibt es hauptberufliche Fischer an der Müritz

zahlen in den kleinen Städten, aber die Geburten kaum.

Arbeitsplätze bleiben rar

Die Landesregierung bemüht sich, das Wirtschaftswachstum zu fördern. So wurde 2016 in Malchow ein neues Sägewerk eröffnet, ein Neustart am alten Standort. Es soll siebzig Mitarbeiter beschäftigen. Auch das Schiffsschraubenwerk in Waren oder die *Optimal Media* in Röbel haben sich vergrößert.

Nach der Wende hatten die Kleinstädte rund 22 Prozent ihrer Einwohner verloren. Jetzt wollen die jungen Leute, gut ausgebildet, wieder zurück, hoffen auf Arbeitsplätze und gute Bezahlung. Doch daran hapert es meistens. Andererseits fällt es den Unternehmen schwer qualifiziertes Personal zu finden. Bezeichnenderweise gibt es immer mehr Appartements und Ferienwohnungen. Dabei täte ein bisschen mehr Service der Region ganz gut.

Die Zukunft liegt eindeutig in mittelständischen Unternehmen, die Nachhaltigkeit praktizieren. So ging Ende 2016 die Steinofenmeister GmbH an den Start. Sie stellt Tiefkühlbackwaren mit einem Clean Label und in Bioqualität her. Mit dabei ist ein Blockheizkraftwerk, sechzig Prozent der Energie werden über Wärmerückgewinnung eingespart.

Der Müritzmensch

Der Müritzmensch ist zwar durch und durch Mecklenburger, aber doch ganz anders. Um ihn besser zu verstehen, lohnt sich eine eingehende – und natürlich augenzwinkernde – Betrachtung.

Sein Leben geht nicht ohne Boote und Wasser. Wind und Wellen sind ihm ganz nah, auch der Wechsel der Jahreszeiten. Seine Heimat und die Natur sind ihm überdurchschnittlich wichtig. Warum sollte er auch woanders leben? Hier hat er alles, was er braucht: fruchtbare Böden, verschwiegene Wälder, klares Wasser und gesunde Luft.

Zugezogene haben es oft schwer mit ihm, denn es braucht lange, um die Gunst des Müritzmenschen zu gewinnen. Hier zählt die Tat, nur scheinbar ist er stoisch, dabei registriert er jede Kleinigkeit sehr genau, vielleicht sogar etwas zu pingelig. Wer anpacken kann, hat gute Karten, einmal Gehör zu finden, dann vielleicht sogar schneller als andernorts. Wer jedoch an der Müritz aufwächst, gehört ein Leben lang dazu, ob er will oder nicht.

Besserwisser und Maulhelden haben keine Chance: Ist der Müritzmensch erst einmal verärgert, kann es Jahre dauern, bis er wieder mit ihnen spricht.

Der Müritzmann ist eher von schweigsamer Natur und genießt es, wenn er seine Ruhe hat. Die Müritzfrau dagegen ist eher schwatzhaft, dreimal täglich ein kleiner „Schnack“ muss schon sein. Beide pflegen einen leisen Humor untereinander, tanzen gern und gehen gern auf Feste. In der Regel sind sie treu. Hat man erst einmal das Herz eines Müritzmenschen gewonnen, hat man einen Freund fürs Leben.

An den großen Seen sind die Winter lang und die Sommer bringen jede Menge Abwechslung. Darum sind Touristen immer sehr willkommen. Die „Bouletten“ aus Berlin gehören schon fast zur Familie, viele haben seit Jahrzehnten ein Boot oder eine Datsche hier. Die Hamburger sind neu, genießen aber wegen ihres maritimen Know-hows großen Respekt. Die Sachsen, Anhaltiner und Thüringer liebt man wegen ihrer Gemütlichkeit. Alle anderen laufen unter „Exoten“ und das ist doppelt spannend.

Landschaft & Umwelt

Große klare Seen, Hügel und dichte Wälder – die Landschaft rund um die Müritz wurde von einer Endmoräne gestaltet.

Prägend für das *Land der 1000 Seen* war die Eiszeit vor 15000 Jahren. Riesige Gletschermassen schoben Steine, Sand und Geröll vor sich her. Die **Mecklenburgische Seenplatte** war das Randland der Gletscher. Beim Abtauen der Eismassen kam es zu ungeheuren Schmelzwasserströmen, die tiefe Rinnen und Täler gruben. Zunächst entstand hinter den Gletschern ein riesiger See. Die gesamte Großseenplatte, wie wir sie heute kennen, war eine einzige Wasserfläche. Erst später, als der Wasserspiegel sank, wurden der **Plauer See,** der **Fleesensee,** der **Kölpinsee** und die **Müritz,** aber auch hunderte von kleineren Seen, Teichen und Tümpeln geformt. Mit dem Schmelzwasser kam es auch zur Ablagerung riesiger Sandmassen. Später wehte der Wind den lockeren Sand zu Dünen auf. **Binnendünen,** die noch heute bis zu fünf Meter hoch sind, sieht man in Boek, Kratzeburg oder Userin.

Der Wald musste weichen

Das Gebiet rund um die Seen war vor 400 Jahren flächendeckend bewaldet, meistens mit Eichen oder Buchen. Als im Frühmittelalter neue Siedlungen entstanden, Teerschweler und Glasmacher in die Region

Kleine Bootshäuser säumen das Müritzufer bei Röbel

strömten, wurde der Wald fast vollständig abgeholzt. Erst vor gut 200 Jahren begann man mit der Aufforstung. Teile waren bereits so stark versandet, dass nur noch Kiefern wuchsen. Riesige Sander gibt es heute in der Nossentiner Heide und östlich der Müritz zwischen Ankershagen und Speck. Einzige Ausnahme bilden die **Buchenwälder bei Serrahn,** die heute als „Alte Buchenwälder" Teil des UNESCO-Weltnaturerbes sind. Sie gehören zum **Müritz-Nationalpark** (▸ Seite 56), wo man langsam wieder mit der Umwandlung in Mischwälder beginnt.

Vielfältige Landsschaftsformen

Typisch sind aber auch zahlreiche **Moor-** und **Sumpfflächen** wie am Nordufer des Plauer Sees, am Blücherschen Bruch, dem Südufer des Kölpinsees oder im Müritz-Nationalpark der Röbelscher und Specker Wold. Sie sind das Rückzugsgebiet für viele seltene Vögel.

Charakteristisch sind ebenfalls saftige **Weiden** und **Wiesen,** auf den oft Viehwirtschaft betrieben wird, die aber zugleich unter Naturschutz stehen, wie am Großen Schwerin bei Röbel. Dort wachsen tausende Orchideen und zahlreiche Wiesenbrüter finden ungestörten Lebensraum.

Lieblich sind die **Uferbereiche** der großen Seen, die meisten haben feinen Sandstrand. Das Wasser ist klar und sauber, die Sichttiefe beträgt mindestens drei Meter. Einzige Ausnahme ist der Zierker See bei Neustrelitz, der aufgrund starker Verunreinigung nicht zum Baden geeignet ist.

Die meisten Seen sind durch Flüsse und Kanäle miteinander verbunden.

Die Müritz

Morcze – das Kleine Meer, so hieß die Müritz bei den Slawen. Sehnsüchte und Sagen verbinden sich mit dem Großen See, der heute Nahrungsgrundlage, Schifffahrtsweg, Schutzgebiet und touristisches Highlight ist.

Die Müritz ist der größte deutsche Binnensee. Er hat eine Fläche von 117 Quadratkilometern, ist 17,3 Kilometer lang, 9,9 Kilometer breit und an der tiefsten Stelle 31 Meter tief.
Im Nordwesten ist die Müritz durch den **Eldenburger Kanal** mit dem **Kölpinsee** verbunden, der wiederum mit dem **Fleesensee** und dieser mit dem **Plauer See.** Diese vier Seen bilden die **Großseenplatte,** das Herzstück der Mecklenburgischen Seenplatte.

Die gesamte Müritz wird von Süden nach Norden von der Elde durchflossen. Trotz eines regen Bootsbetriebes hat sich die Wasserqualität der Müritz in den letzten Jahren stark verbessert, vor allem, weil die Landwirtschaft weniger Gülle einbringt.

Dadurch ist Müritz heute ein riesiges Fischparadies mit mehr als 35 Arten, darunter Hechte, Barsche, Aale, Plötze und Karpfen. Besonders edel sind die Kleinen Maränen oder der Müritzzander.

Pflanzen & Tiere

Das Gebiet rund um die Müritz ist überaus reich an seltenen Tieren und Pflanzen, die es andernorts so nicht mehr gibt. Die Lebensräume sind sehr unterschiedlich: große Seen, Teiche und Tümpel, aber auch ausgedehnte Moore, Feuchtwiesen, dichte Wälder oder sandiges Heideland.

Im Westen erstreckt sich die **Nossentiner/Schwinzer Heide** und im Osten der **Müritz-Nationalpark,** dazwischen gibt es noch weitere kleine Naturschutzgebiete. Eine Besonderheit stellen die Rotbuchen bei **Serrahn** dar. Sie gehören als „Alte Buchenwälder" zum UNESCO-Weltnaturerbe.

Die Pflanzenpracht an der Müritz scheint schier unendlich. In der Hei-

Kleine Orchideen wie das Knabenkraut sieht man öfter

An den sauberen Gewässern der Müritzregion trifft man den Fischotter an

de findet man blütenreiche Kräuter wie das Habichtskraut, Gras- und Heidenelken oder die Sandstrohblume. Im Juni duften der Holunder und die Robinien und der gelbe Besenginster lädt hunderte von Schmetterlingen zum Büfett. Im Müritz Nationalpark wächst der größte **Schneidriedbestand** Deutschlands, hier fühlen sich tausende von Wasservögeln wohl. Im Sommer „blüht" das Moor durch die weißen Watteballchen des Wollgrases und am Müritzhof erstreckt sich die **Wacholderheide.** Auf den Wiesen des Großen Schwerin nahe Röbel findet man mehr als 30 000 **Orchideen** verschiedener Arten. Wunderhübsch anzuschauen sind auch die **Seerosenfelder** auf dem Kölpin- oder Leppiner See. Auch der Duft von frischer Wasserminze oder die gelben Sumpfdotterblumen erfreuen die Wasserwanderer.

Fast alle deutschen Wildtierarten wie Rot- und Damwild, Mufflons, Wildschweine, Rehe oder Hasen sind in der Region vertreten. An sauberen Seen fühlt sich der **Fischotter** besonders wohl und bei den verschlungenen Flüsschen muss man nicht lange nach dem **Biber** suchen. Auf dem Damerower Werder leben sogar imposante **Wisente** in einem Reservat.

Für die Vögel ist die Müritzregion ein Paradies, mehr als 200 Arten brüten hier, dazu kommen noch zahlreiche Durchzügler. Specht, Kleiber, Pirol und Schwarzstorch haben ihr Zuhause im Wald, am Wasser leben unzählige Entenarten. Eisvogel, Kormoran und Haubentaucher ernährt der große Fischreichtum.

„Die Vögel des Glücks", die scheuen **Kraniche,** brüten im sumpfigen Bruchwald (▸ Seite 66).

Der große Brachvogel, Kiebitz, Wiedehopf und Co. sind derzeit besonders gefährdet wegen der Intensivierung der Landwirtschaft. Aber auch weil es ihren natürlichen Feinden, den großen Beutegreifern, immer besser geht. Neben Bussarden, Weihen und Milanen sind das natürlich **See-** und **Fischadler** (▸ Seite 18).

Könige der Lüfte: See- und Fischadler

Was für ein erhabener Vogel! Adler stehen für Mut, Kraft, Weitblick und Unsterblichkeit. In Sagen und Mythen spielen sie oft eine Rolle. Bei den Griechen symbolisiert der Adler Zeus, bei den Germanen Odin und selbst Tolkiens Hobbit Frodo retteten die Adler vom Schicksalsberg.

Im Müritzgebiet leben heute circa 27 Seeadler- und 60 Fischadlerpaare sowie zwei Schreiadlerpärchen, die unter besonderem Schutz stehen, weil es deutschlandweit nur noch 80 Tiere gibt.

Der **Seeadler** ist der größte Adler, er kann auf eine Flügelspannweite von 2,50 Meter kommen und bis zu 40 Jahre alt werden. Als Standvogel lebt er das ganze Jahr über an der Müritz in einem Stammrevier. Sein Nest baut er in alten, hohen Bäumen. Das Alter der Vögel erkennt man an der Farbe des Gefieders. Junge Vögel sind dunkelbraun, die Älteren haben an Kopf und Schwanz hellbraune Federn. Seeadlerpaare bleiben ein Leben lang zusammen. Besonders schön sind ihre Balzflüge im Vorfrühling. In großer Höhe kreisen sie lange umeinander, dann wirft sich das Männchen im Flug auf den Rücken und streckt die Fänge nach dem Weibchen aus. Beide berühren sich leicht. Das wiederholt sich, bis das Weibchen paarungsbereit ist.

Junger Seeadler

Dann lässt sich die Adlerdame aus der Luft abtrudeln ins Nest. Die Seeadler beginnen ihren Tag bei Sonnenaufgang mit lautem Rufen. Ihre Beute sind Wasservögel, kleine Vierbeiner und Aas.

Der **Fischadler** hingegen ist ein reiner Fischesser. Er ist kleiner, hat ein braunes Ober- und ein weißes Unterkleid. Typisch ist sein weißer Federbusch auf dem Hinterkopf. Der Fischadler lebt von März bis zum Spätsommer an der Müritz und ist eher ein Einzelgänger. Hat das Weibchen die Eier ausgebrütet, macht es sich sofort auf die Rückreise nach Afrika. Das Männchen übernimmt die restliche Brutpflege und verschwindet ebenfalls, sobald die Jungen flügge sind. Die müssen sehen, wie sie zurechtkommen und nur etwa 60 Prozent überleben das erste Jahr. Fischadlernester kann man sehr schön auf den Hochspannungsmasten im Müritz-Nationalpark sehen. Im Infozentrum Federow gibt es eine Liveschaltung in einen Fischadlerhorst.

Heute geht es den majestätischen Vögeln so gut wie noch nie, auch ihr Tisch ist üppiger gedeckt denn je. Seeadler sehen, das geht am Warnker-, Rederang- oder Specker See. Der Fischadler mag kurze Wege und fliegt hinterm Alten *Gutshaus Federow* (▸ Seite 63) direkt von seinem Nest auf dem Strommast auf den Hofsee.

Fischadler bei der Jagd

Geschichte

Um 10 000 v. Chr.
Der große Wald- und Wasserreichtum zieht schon früh Jäger und Sammler ans Ostufer der Müritz.

Um 4 000 bis 3 000 v. Chr.
Jungsteinzeit: Erste sesshafte Bauern domestizieren Tiere und Pflanzen. Sie hinterlassen Großsteingräber in Sparow, Bollewick, Stuer und Zislow.

1 800–600 v. Chr.
Bronzezeitliche Siedlungen mit Handwerkern, Ackerbauern und Viehzüchtern, zum Beispiel in Kratzeburg. Zahlreiche Hügelgräber, so westlich von Plau, bei Dorf Stuer oder am „Mühlenberg" in Klink.

Ab 600 v. Chr.
Eisenzeit: Germanische Stämme wandern ein, an der Müritz sind es vor allem Langobarden und Warnen, Bauern und Viehzüchter, aber auch Schmiede, Töpfer, Tischler, Bienenzüchter, Fischer und Schiffbauer.

2.–4. Jh. n. Chr.
Spätantike: Warnen und Langobarden verlassen ihre Heimat und begeben sich auf Feldzüge Richtung Italien, einige bleiben vor Ort.

5.–6. Jh.
Slawische Stämme, Abodriten und Wenden, wandern ein und assimilieren die restliche germanische Bevölkerung.

7.–11. Jh.
Die Slawenfürsten errichten erste Burgen. Heute noch zu finden bei Malchow (Burgwall Laschendorf), in Stuer Vorwerk sowie Wesenberg.

12. Jh.
Vergeblich leistet der letzte Abodritenfürst Niklot mit seinen Söhnen Wertislaw und Pribislaw Widerstand gegen Heinrich den Löwen. Im August 1160 fällt Niklot, seine Söhne kämpfen weiter. Als Pribislaw nicht aufgibt, lässt Heinrich seinen Bruder Wertislaw am gegenüberliegenden Ufer, auf dem Malchower Trostberg, köpfen.

1167
Pribislaw unterwirft sich und wird Lehnsmann Heinrich des Löwen. Ritter, welche gegen die Slawen kämpften, werden mit Land belohnt.

1178–1227
Borwin I. holt deutsche Siedler aus Holstein, Westfalen und Friesland nach Mecklenburg. Sie gründen neue Städte, bauen Kirchen und bringen die niederdeutsche Sprache mit. Der Wald wird großflächig gerodet.

1234
Die vier Enkelsöhne Borwins I. geraten in Streit und teilen das Land in Werle, Parchim-Richenberg, Rostock und Mecklenburg. Nur die Linie Mecklenburg bleibt länger bestehen.

Ab 1520
Reformation in Kirchen und Klöstern, das Luthertum wird Landesreligion.

1618–1648
Im Dreißigjährigen Krieg werden viele Städte und Dörfer zerstört. Die Bevölkerung leidet an Hunger und Pest. Danach kommt es zu einer Vergrößerung adliger Besitztümer sowie zum Bau neuer Gutshäuser und Städte.

1621
Zweite Landesteilung in die Herzogtümer Mecklenburg-Schwerin und Mecklenburg-Güstrow.

1628
Kaiser Ferdinand II. entlässt die mecklenburgischen Herzöge Adolf Friedrich I. und Johann Albrecht II. und belehnt seinen Feldherrn Wallenstein für zwei Jahre mit den beiden Landesteilen. 1631 werden die Herzöge vom schwedischen König Gustav Adolf wieder eingesetzt.

1700
Durch die Blütezeit von Teeröfen und Glashütten wird der Raubbau am Wald gefördert. Erst Mitte des 19. Jahrhunderts pflanzt man wieder Kiefern auf den nun trockenen Sand.

1701
Erbstreitigkeiten nach Erlöschen der Linie Mecklenburg-Güstrow werden im „Hamburger Vergleich" geregelt. Es entstehen die Herzogtümer Mecklenburg-Schwerin und Mecklenburg-Strelitz. Strelitz (heute Alt-Strelitz) wird zur Residenz, die Komturei Mirow zur Sommerresidenz.

1731
Adolf Friedrich III. lässt ein Schloss in Glienicke bauen (heute Neustrelitz), nachdem das alte Schloss in Strelitz ausbrannte. Auf dem Land sind nun großflächige Gutsdörfer beherrschend, reine Bauerndörfer gibt es kaum noch.

1814/15
Der Wiener Kongress legt zahlreiche neue Grenzen in Europa fest. Aus den Mecklenburger Herzögen werden Großherzöge.

1820
Aufhebung der Leibeigenschaft.
Unter Großherzog Georg gibt es eine

Im 10. Jahrhundert errichten Slawen erste Burgen in der Müritzregion

Waren (Müritz) um 1845 – Zeichnung von Georg Christian Friedrich Lisch

rege Bautätigkeit in Neustrelitz. Für die Revolution hat er allerdings wenig übrig, regiert mit harter Hand.

1870/71

Beitritt zum Deutschen Reich. Die Herzogtümer werden zu Bundesstaaten.

1918

Der letzte Großherzog Adolph Friedrich IV. begeht Selbstmord (Grab auf der Schlossinsel Mirow). Ehe die Erbfolge geregelt ist, kommt es zur Novemberrevolution. Die Großherzöge von Mecklenburg-Schwerin und Mecklenburg-Strelitz danken ab.

1920

Weimarer Republik: Der Freistaat Schwerin und das Land Mecklenburg-Strelitz sind parlamentarisch-demokratische Republiken. Erste Kurgäste kommen nach Waren, Plau und Bad Stuer.

1933–1945

Gau Mecklenburg der NSDAP, Nazi-Pogrome an Juden, unter anderem in Röbel, Malchow, Mirow, Neustrelitz und Waren. In Malchow und Rechlin gibt es Nebenlager des KZ-Ravensbrück. KZ-Häftlinge arbeiten in der militärischen Erprobungs- und Rüstungsindustrie, besonders Frauen.

1945

Befreiung durch die Sowjetarmee, viele Flüchtlinge aus den ehemaligen Ostgebieten werden zwangsweise einquartiert. Die Einwohnerzahl verdoppelt sich. Mecklenburg wird Sowjetische Besatzungszone, dann Mecklenburg-Vorpommern.

1946

Bodenreform: Wer mehr als 100 Hektar Land besitzt, wird entschädigungslos enteignet. Schon vorher werden Gutshäuser von den Besatzern geplündert, es gibt unzählige Verhaftungen. Bei den Landarbeitern stößt jedoch das Motto „Junkerland in Bauernhand" auf offene Ohren. Man will endlich ein eigenes Stück Land. Doch die sozialistische Planwirtschaft wirkt bald ernüchternd.

1947

Aus Mecklenburg-Vorpommern wird das Land Mecklenburg. Die Menschen haben im Hungerwinter 1946/47 neben der Suche nach Arbeit vor allem die Sorge ums tägliche Brot. Zehntausende Flüchtlinge aus den ehemaligen Ostgebieten strömen nach Mecklenburg, darunter viele Waisenkinder. Die meisten ziehen weiter Richtung Westen, doch 1950 gibt es in Mecklenburg mehr als hundert Waisenheime.

1952

Verwaltungsreform in der DDR. Neuordnung in Bezirke: Rostock, Neubrandenburg, Schwerin. Die Müritzregion gehört zu Neubrandenburg und Schwerin. Erste Zeltplätze und Pionierlager entstehen.

1960–1989

Die Müritzregion wird touristisch. Anders als an der Ostsee gibt es hier viele kleine Betriebsferienheime, Bungalowsiedlungen und neue Zeltplätze (Ecktannen, Kamerun, Boek I & II, Alt Schwerin, Mirow, Silz), aber nur ein großes Plattenbauhotel des FDGB (Freier Deutscher Gewerkschaftsbund) in Klink.

1990–1995

Wiedervereinigung: Landesneuordnung als Land Mecklenburg-Vorpommern mit Hauptstadt Schwerin. Alle staatlichen Betriebe und das Land fallen unter die Treuhand, die Privatisierung bringt Schließungen und Massenarbeitslosigkeit mit sich. Es gibt großzügige Fördermittel und Glücksritter strömen ins Land, während die Jugend beständig abwandert.

1996–2010

In vielen Städten ist die Bevölkerungszahl um ein Viertel geschrumpft, gleichzeitig kommen immer mehr Zuzügler und Touristen. Ferienhaussiedlungen, Jachthäfen und Kanustationen entstehen.

2011

Neue Kreisgebietsreform. Die Müritzregion gehört zu den Landkreisen Mecklenburgische Seenplatte, Landkreis Rostock und Ludwigslust–Parchim.

2012

Waren wird Soleheilbad, ein Kurzentrum entsteht (▸ Seite 44).

2015

Das erste Mal nach der Wende gibt es wieder mehr Einwohner in den kleinen Städten. Zum einen kehren vermehrt junge Leute in die Heimat zurück, denn kaum woanders ist es landschaftlich so schön. Aber auch Menschen aus den großen Städten haben nun vermehrt Häuser gekauft oder gebaut.

2017

Investoren haben die schöne Landschaft an der Müritz entdeckt. In Klink wird das Müritz-Hotel gesprengt, ein Hotelneubau mit 500 Betten soll 2018 fertig sein. In Waren entsteht das *Maremüritz Jachthafenresort* mit 184 Ferienwohnungen und 150 Liegeplätzen. Gefolgt vom Bauvorhaben des Luxushotels *Aqua Regia Park* an der Feisneck mit 140 Zimmern und einem 35 Meter hohen Tauchturm.

Kultur & Lebensart

Architektur

Die Müritzregion ist architektonisch geprägt von Teilungen und wechselnden Besitzverhältnissen. Trotzdem hat sich eine einheitliche Kulturlandschaft erhalten, die zum großen Teil ländlich geprägt ist.

Die frühesten architektonischen Zeugnisse sind die **Großsteingräber** der Jungsteinzeit 3000 v. Chr., zum Beispiel in Sparow oder Bollewick.

Ab dem 6. Jahrhundert, als die Slawen in dem Gebiet sesshaft wurden, entstanden erste **Runddörfer,** sehr anschaulich im Freilichtmuseum Slawendorf Neustrelitz zu sehen. Die Fürsten der Slawen bewohnten **Burgen,** die sie mit Wällen umgaben. Reste von **Wallanlagen** findet man in Laschendorf (Malchow), Ankershagen oder bei Stuer-Vorwerk.

Deutsche Siedler aus Friesland, Holstein und Westfalen rodeten großflächig den Wald und errichteten eigene Dörfer und Städte. Typisch war das **Niederdeutsche Hallenhaus,** in dem Vieh und Mensch unter einem Dach lebten. In vielerlei Abwandlungen existiert es noch heute.

Mit der bäuerlichen Siedlungswelle gingen **Klostergründungen** einher, wie zum Beispiel das heute noch sehr gut erhaltene Kloster Malchow. Mehr als fünfzig **Kirchen** wurden zwischen dem 13. und 14. Jahrhundert allein in der Müritzregion gebaut. Baumateri-

Aus dem Schloss Blücher ist heute das komfortable Schlosshotel Fleesensee geworden

alien waren vor allem Backsteine, die auch als Schmuck genutzt wurden. Ebenso beliebt waren Feldsteine als Sockel oder Zwischenschicht, was man sehr schön an den Dorfkirchen Sietow oder Vipperow sieht. Ein ganz besonderer Bau ist die achteckige Oktogonkirche in Ludorf (▸ Seite 80).

Nach der Reformation im 16. Jahrhundert durften auch die Herzöge prunkvoller bauen und aus den Wehrburgen wurden **Schlösser,** von denen jedoch keines mehr erhalten ist.

Die Ära der typischen **Mecklenburger Gutshäuser** begann erst nach dem Dreißigjährigen Krieg. Rund 150 Gutshäuser gibt es heute noch in der Müritzregion, die meisten sind sehr schön saniert. Eines der ältesten ist das *Gutshaus Ludorf* bei Röbel (▸ Seite 80) im Stil der dänischen Klinkerrenaissance, sehenswert ist auch der Gutshof Woldzegarten und die Gutshäuser Solzow und Federow.

1733 erließ Großherzog Adolf Friedrich III. einen Gründungsaufruf für eine **barocke Planstadt,** die Neustrelitz heißen sollte (▸ Seite 118). Zwei Baumeister taten sich dabei hervor: Julius Christoph Löwe mit der Planung des gesamten Ensembles und Friedrich Wilhelm Buttel, der die Schlosskirche und den Alten Kornspeicher konzipierte. Er hatte sich der **Neogotik** mit vielen steilen Türmchen verschrieben und entwarf auch die Klosterkirche Malchow sowie viele weitere Bauwerke in Mecklenburg. Nach Plänen von Löwe wurde außerdem das Schloss Mirow gebaut. Die Schlossinsel Mirow ist wieder vollständig saniert und mit der Schlosskirche und der Schlossbrauerei unbedingt einen Besuch wert (▸ Seite 107).

Erwähnt seien auch sehenswerte **Gärten,** so der Engelsche Garten am Kloster Malchow, gestaltet von Küchenmeister Johann Engel Mitte des 18. Jahrhunderts, der Rosengarten von Schloss Marihn sowie die Gärten am Schloss Hohenzieritz oder der Schlossgarten Neustrelitz.

Bädervillen im Warener Stadtteil Ecktannen zeugen von der Gründerzeit und den ersten Badegästen, die nach dem Bau der Eisenbahn an die Müritz kamen.

Die Architektur des Nationalsozialismus findet man vor allem in **Eigenheimsiedlungen,** die für Angestellte der Rüstungsindustrie sowie für Aufseher der Gefangenenlager errichtet wurden, wie die Lagersiedlung in Malchow oder die Meistersiedlung in Rechlin.

Die DDR-Zeit hinterließ einige **Plattenbauviertel** und viele **Einfamilienhäuser** aus den 1950er-Jahren. Der einzig interessante Bau aus den 1960-ern war der berühmte Rundbau in Waren, in dem sich eine ganze Generation in der Disco kennenlernte. Dieses Kleinod wurde leider nach der Wende abgerissen.

Die neueste Zeit ist geprägt von Sanierungen der Altbausubstanz und dem Bau von Ferienhaussiedlungen. Ausnahmen bilden die eher weniger gelungenen Hafenbauten in Malchow und einige kleinere Hotelbauten. Umso schöner gelungen ist das **Müritzeum** in Waren, das nicht nur durch seine originelle Architektur, sondern auch durch eine ökologische Bauweise besticht (▸ Seite 49). Sehenswert ist auch der 2012 entstandene Neubau des Landeszentrums für erneuerbare Energien Mecklenburg-Vorpommern (Leea) in Neustrelitz (▸ Seite 122). Die Architektin Kerstin Heller entwarf dieses preisgekrönte Multifunktionsensemble.

Mecklenburger Platt

Die niederdeutsche Sprache kam ab 1200 nach Mecklenburg, als die slawischen Fürsten deutsche Siedler aus Westfalen, Holstein und Friesland ins Land holten. Heute ist das Mecklenburger Platt eher eine **Kultursprache** als eine Alltagssprache. Jedoch sprechen rund um die Müritz noch etwa 20 Prozent Platt. Vorreiter der Traditionspflege mag der Warener Volkskundler Richard Wossidlo gewesen sein. In Malchow gibt es einen Plattdeutschen Verein, der liebevoll die alte Kultur bewahrt. Auch bei vielen „Kinnings" ist Platt heute wieder angesagt, in den Schulen ist das Niederdeutsche ein beliebtes Wahlfach. Man schätzt die Gemütlichkeit der Sprache, auch den Humor und die Identität. Zum maritimen Leben an der Müritz gehört „een beten Platt snacken" einfach dazu.

Müritz-Küche

Eigentlich gilt in Mecklenburg: „Wat de Buer nich kennt, dat frett he nich", trotzdem hat sich die Müritzregion in den letzten Jahren zum Vorreiter für eine gesunde Ernährung entwickelt. Durch den riesigen Fischreichtum aus klaren Seen, den schrittweisen Aufbau einer ökologischen Landwirtschaft und modernste Erkenntnisse ist es gelungen, hohe Standards zu setzen. Regional und frisch ist die Devise in vielen Hotels und Gaststätten, denn im Umkreis von 40 Kilometern bekommt man alles, was man braucht.

Eigentlich war das schon immer so, das Gute lag so nah, doch die Landarbeiter waren arm und sehr traditionell geprägt. Lange sträubte man sich gegen die Kartoffel, bis sie 1720 ihren Einzug hielt. Danach waren die

Kleine Maränen, Aal und Zander sind geräuchert typische Müritz-Delikatessen

„Tüffeln" nicht mehr wegzudenken und wurden zu den Trüffeln des armen Mannes. Morgens aß man in den Landarbeiterkaten oft eine Milchsuppe mit „Klüten" (kleinen Mehlklößchen), auch Brotsuppe mit Milch oder Haferbrei. Mittags gab es Wruckeneintopf (Steckrüben), Stampfkartoffeln mit Äpfeln und Speck („Himmel und Erde"), abends dann Stullen mit Gänsefett oder Pell-Tüffel mit Butter. Fleisch war dem Adel vorbehalten.

Zur DDR-Zeit dominierten riesige Mastanlagen mit bis zu 20 000 Tieren. Man aß viel Wurst, Schweinefleisch und dazu fette Mehlsoßen. Weil alle arbeiteten, gab es Mittagessen im Betrieb, wie zum Beispiel Jägerschnitzel, Blutwurst, süß-saure Nierchen oder Szegediner Gulasch.

Nach der Wende hieß es: mehr Gemüse, Obst und Kräuter. Langsam kam die Erkenntnis, was da eigentlich vor der eigenen Haustür wächst. Die Müritzer mochten es aber weiter einfach und bodenständig, fremdartiges Chichi hat es nicht weit gebracht. Jedoch interpretiert man traditionelle Gerichte neu: Den Mecklenburger Rippenbraten mit Backpflaumen und etwas Zimt, den Rosenkohl mit Semmelbutter vielleicht mit etwas Zitronengras oder die gebratene Maräne auf Kohlrabiblättern mit einem Hauch Safran. Raps erlebte eine Renaissance als Öl und Eis, Löwenzahn als Gelee und Sorbet, aus Holunder kocht man wieder Tees, Säfte und die schmackhafte Fliederbeeren-Apfel-Suppe.

Wenn man heute an der Müritz essen geht, wird man eine große Palette regionaler Aromen schmecken. Im Zentrum steht der **Müritzfisch,** es gibt kein Restaurant ohne kleine Fischkarte. Und dieser Fisch ist frisch, denn an der Müritz haben Fische das ganze Jahr Saison. Landwirte und Köche pflegen regen Austausch, so gibt es das *Slow Food Convivium Müritz* in Ludorf, die Initiative *Land! Gut* in Bollewick, *Plau kocht!* (▸ Seite 101) sowie die *Gutsküchenwochen* oder die *Müritz-Fischtage*.

Feste & Veranstaltungen

Die Termine können von Jahr zu Jahr variieren, am besten noch mal im Internet nachsehen oder bei der Touristeninformation nachfragen.

Alt Schwerin

Himmelfahrt
Wildschwein am Spieß
www.fischerei-alt-schwerin.de

3. Wochenende im Juli
Fischerfest

Ende Juli/Anfang August
Fishermanstrail – Marathon um den Plauer See

August
Traktoren- und Oldtimertreffen
www.museum-alt-schwerin.de

September
Erntefest
www.museum-alt-schwerin.de

Oktober
Kürbisfest im Agroneum

3. Oktober
Großer Fischzug
www.fischerei-alt-schwerin.de

Boeker Mühle/Bolter Schleuse

1. Mai
Tanz in den Mai

Himmelfahrt
Livemusik an der Fischer-Rotunde
www.mueritzfischer.de/feste-feiern

September
Abfischfest
www.mueritzfischer.de

Damerow/Jabel

Mitte Juni
Fischerfest – Fischerhof Damerow
www.mueritzfischer.de

Lärz

Anfang September
Theaterfestival
www.attension-festival.de

Malchow

Ostersamstag
Fischgrill und Ostereiersuche
www.mueritzfischer.de

Anfang Juli
Malchower Volksfest
www.malchow.m-vp.de

3. Sonntag im Juli
Inselschwimmen
www.tollense-timing.de

Anfang August
Fischerfest/Fischerhof
www.mueritzfischer.de

Mirow

Anfang August
Inselfest Mirow
www.mirow.m-vp.de

2. Wochenende im August
Kunstmarkt Schloss Mirow
www.kunstmarkt-mirow.de

Ende September
Schlösserherbst
www.3koeniginnen.de

Müritz-Region

Ende Mai
Mecklenburger Seenrunde – Jedermann-Radsportevent
www.mecklenburger-seen-runde.de

Juni
Ansommern – Mit dem VBB-Ticket günstig zu attraktiven Veranstaltungen reisen
www.ansommern.de

Ende September–Mitte Oktober
Müritzfischtage
www.mueritz-fischtage.de

September–November
Schlösserherbst
www.auf-nach-mv.de/schloesserherbst

Neustrelitz

Juli
Festspiele im Schlossgarten

www.theater-und-orchester.de

Plau am See

Ostersamstag
Fackelschwimmen in der Elde vom Leuchtturm bis zur Metow
www.plau-am-see.de
Anfang Juli
Fischerfest am Leuchtturm
www.mueritzfischer.de
Mitte Juli
Badewannenrallye
www.ilovewanne.de
August
Altstadtfest
www.plau-am-see.de
Oktober–April
Plau kocht!
www.plau-kocht.de

Rechlin

Anfang Juni
MüritzInWater
www.mueritz-inwater.de
Ende Juli
Müritzfest
www.mueritzferien-rechlin.de

Röbel/Müritz

Ende Mai
Speckreiten – Traditionelles Reiterfest
www.stadt-roebel.de
Mitte Juni
Matjestage Fischhaus Meyl
www.fischhaus-meyl.de
Anfang Juli
Hermesfest der Müritzfischer
www.mueritzfischer.de
Ende Juli
Seefest & Blasmusikfestival
August
LIVE – Musikalische Kneipenmeile
www.stadt-roebel.de

Sietow

4. Wochenende im Juli
Hafenfest
www.fischerei-alt-schwerin.de

Waren (Müritz)

Mai
Müritz-Sail
www.mueritzsail.net
Ende Juni
Fischerfest/Fischerhof Waren
www.mueritzfischer.de
Juli–September
Müritz-Saga
www.mueritz-saga.de
2. Wochenende im Juli
Müritzfest
www.mueritzfest.de
Anfang August
Müritzschwimmen
www.mueritzschwimmen.de
Ende August
Müritzlauf
www.mueritz-lauf.de

Wesenberg

1. Wochenende im Juli
Burgfest Wesenberg
www.burgverein-wesenberg.de
Letztes Wochenende im August
Fischerfest
www.fischerei-wesenberg.de

Malchower Plattsnacker beim Volksfest

Wasserwanderer am Hafen von Wesenberg ▸ Seite 112

Reisepraktisches

Klima & Reisezeit

In der Müritzregion herrscht gemäßigtes Kontinentalklima. Die Hauptreisezeit ist von Ostern bis Oktober.

Schon Ende April gibt es erste warme Tage, die zu vielseitigen Outdooraktivitäten einladen. Die Seen erwärmen sich recht schnell und bleiben oft bis Ende September badefähig. Wolkige Tage wechseln oft mit Sonnenschein, wobei es niederschlagsärmer ist als an der Küste.

Im Juli/August kann es recht heiß werden, dann kommt es auch mal zu heftigen Gewittern. Sie bleiben manchmal länger vor den Ufern stehen, ehe sie weiterziehen. Der Wind ist nicht so stark wie an der Ostsee, aber auf den großen Seen kann er doch mal rasch auffrischen. Wer aufs Wasser geht, sollte immer eine Jacke dabei haben.

Von September bis Anfang November ist Kranichzeit, danach folgt die Hirschbrunft. Der Herbst im Nationalpark zählt zu den schönsten Eindrücken und wird als Reisezeit immer beliebter.

Auch der Winter lädt zum Kuren an die Müritz, das heiße Solebad und die wunderbar klare Luft sind eine Wohltat. Beliebt sind auch die stressfreien Weihnachts- und Silvesterarrangements, ob im stilvollen Gutshaus, kuscheligen Hotel oder der urigen Bauernkate.

Ankommen

Mit dem Auto

Von **Berlin** ist man über die A 24 und A 19 in 90 Minuten an der Mecklenburgischen Seenplatte. Abfahrt 18 nach Röbel, Rechlin, Mirow, Wesenberg, Neustrelitz. Abfahrt 17 nach Waren, Plau, Malchow-Kloster, Göhren-Lebbin. Abfahrt 16 nach Malchow-Zentrum und Alt Schwerin. Abfahrt 15 nach Linstow und Drewitz.

Von **Hamburg** über die A 24, Abfahrt 14 über Parchim nach Plau, weiter über die B 103 nach Karow und die B 192 nach Alt Schwerin, Malchow, Ferienresort Fleesensee und Waren. Hier sind die Schließzeiten der Malchower Drehbrücke zu jeder vollen Stunde zu beachten.

Klimatabelle Müritz

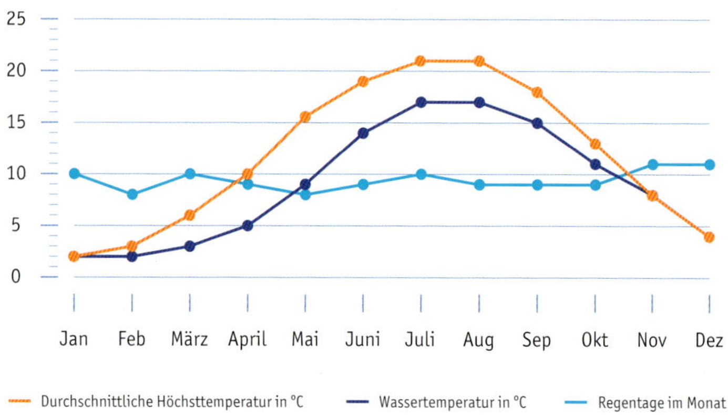

Sonnenuntergang an der Mecklenburgischen Seenplatte

Parken

Waren und Neustrelitz haben verkehrsberuhigte Zonen im Innenstadtbereich, sie sind teilweise gesperrt. In der Hochsaison kann es mit dem Parken schon mal eng werden.

Kostenpflichtige Großparkplätze gibt es in Waren am Stadthafen und vor dem Müritzeum (Am Amtsbrink), in Röbel am Hafen, in Mirow direkt vor der Schlossinsel und in Malchow in der Friedrich-Ebert-Straße.

Mit der Bahn

Von Süden:

IC von München, Nürnberg, Leipzig über Berlin nach Rostock mit Halt in Neustrelitz, Waren (Müritz) und Güstrow (1 mal täglich).

RE im Zweistundentakt von Berlin über Neustrelitz und Waren (Müritz) nach Rostock (Fahrzeit Berlin–Waren 1 Stunde 45 Min.), ebenso von Berlin über Neustrelitz nach Stralsund.

Von Hamburg:

RE nach Bützow, dann bis Güstrow und von dort nach Waren (preiswert und kürzeste Variante, 2 mal umsteigen, 3 Stunden Fahrzeit).

Einziger Bahnhof direkt im Nationalpark ist Kratzeburg, er wird von der DB auf der Strecke Waren–Neustrelitz bedient.

Mit dem Fahrrad

Durch die Müritzregion führen zahlreiche Radwege:

Europaradweg Berlin–Kopenhagen
www.bike-berlin-copenhagen.com
Havelradweg
www.havelradweg.de
Elbe-Müritz-Rundweg
www.dieprignitz.de
Eiszeitroute
www.eiszeitroute.com
Mecklenburgischer Seenradweg von Lüneburg nach Usedom
www.adfc-tourenportal.de

Schön ist eine Dampferfahrt, hier vom Plauer See auf dem Weg zur Müritz

Mecklenburgische Seenplatte MVP5
www.radatlas.de
Müritz-Radrundweg
www.mueritz-radrundweg.de

Mit dem Flugzeug

Ganzjährig verkehren Flüge von Rostock-Laage nach/von München und Stuttgart. Im Sommerflugplan (Ende März–Ende Okt.) außerdem von/nach Köln/Bonn, Wien, Zürich, Antalya, Spanien, Italien, Griechenland. Ab Flugplatz Laage fährt die Buslinie 127 bis Rostock ZOB/Hbf., Mietwagen oder Mydriver Flughafentransfer nach vorheriger Anmeldung, viele Hotels bieten Shuttles an.
www.rostock-airport.de

Übers Wasser

Von **Berlin** führt die Müritz-Havel-Wasserstraße bis zur Müritz.

Von **Hamburg** gelangt man über die Müritz-Elde-Wasserstraße an die Müritz.

Unterwegs rund um die Müritz

Mit dem Auto

Von der Autobahn A 19 abgehend gibt es zwei Hauptstraßen: die B 192 (Karow, Alt Schwerin, Malchow, Sietow, Klink, Waren) und die B 198 (Plau, Stuer, Röbel, Mirow, Wesenberg, Neustrelitz). Zu beachten ist, dass man die Großseen immer umfahren muss, Übergänge gibt es nur in Malchow (Drehbrücke mit stündlichen Schließungszeiten) und Waren. Der Nationalpark ist von Speck bis Boek für privaten Autoverkehr gesperrt. Von Waren nach Rechlin fährt man also über Sietow und Röbel.

Mit Bus & Bahn

Die *Mecklenburg-Vorpommersche Verkehrsgesellschaft mbH (MVVG)* ist in der Müritzregion für den Busverkehr zuständig. Neben Linien- und Stadtverkehr werden auch Sonder- und Ausflugsfahrten angeboten. Der Rundbus Plauer See bedient von April bis Oktober die westliche Region, unter anderem Plau am See, Malchow und Alt Schwerin. Der Nationalpark-Bus verkehrt ebenfalls von April bis Oktober. Er fährt von Waren über die Nationalparkdörfer bis nach Rechlin. Das Nationalpark-Ticket gilt auch auf einigen Schiffen (▸ Seite 60). Die Regionalbahn fährt von Malchow nach Waren (über Silz, Jabel) und von Waren nach Neustrelitz (über Kratzeburg).

Mit dem Schiff

Fahrgastschiffe verkehren von Ostern bis Oktober zwischen Plau, Malchow, Untergöhren, Waren, Jabel, Klink, Röbel, Rechlin, Mirow und Boek. Es werden Linienfahrten, aber auch Themen- und Sondertouren angeboten. Zusätzliche Fahrten gibt es zwischen Advent und Neujahr. Weitere Infos in den jeweiligen Ortskapiteln.

Zu Fuß & mit dem Rad

Es gibt ein sehr gut ausgeschildertes Rad- und Wanderwegenetz. Die meisten sind gut ausgebaut, aber zu 70 Prozent natürlich gehalten. Das bedeutet, dass in der Sommersaison einige Nebenwege recht versandet sein können, besonders im Nationalpark. Der Europaradweg ist allerdings geteert, er verläuft über kleinere Landstraßen oder neben den Hauptstraßen entlang. Möglichkeiten zur Einkehr gibt es häufig. Ausnahme ist der große Waldabschnitt in der Nossentiner Heide, wo es gut 18 Kilometer nur durch den Wald geht. Einzige Rastpunkte sind in Nossentiner Hütte und das Resort Drewitzer See (beide 1 Kilometer abseits des offiziellen Weges).

www.mueritz.de/rad
www.mecklenburgische-seenplatte.de
www.bike-berlin-copenhagen.com

Eines der wichtigsten Verkehrsmittel der Region: das Fahrrad

Übernachten

In der Müritzregion gibt es eine Vielzahl von Übernachtungsmöglichkeiten, vom 4-Sterne-Hotel über Ferienhäuser bis hin zum Campingplatz ist alles vorhanden. In einigen Orten wird eine Kurtaxe erhoben, die für Erwachsene je nach Ort und Saison bei 0,50 bis 1,50 Euro am Tag liegt.

Ein besonderes Erlebnis ist der Urlaub in einem Schloss oder Gutshaus wie auf *Schloss Klink* (▶ Seite 82). Waren, Plau und Neustrelitz haben mittlerweile einige ansprechende 4-Sterne-Hotels, auch Malchow besitzt mit dem *Rosendomizil* (▶ Seite 92) ein mehrfach prämiertes Haus. Doch auch im weit verbreiteten 3-Sterne-Segment hat sich einiges getan, die meisten Hotels sind saniert oder sogar neu. Einige haben sich spezialisiert, wie das *Radlon* in Waren auf Radreisende, das *FOTOart-Hotel Klaffke* in Neustrelitz auf Fotofreunde oder das *Sporthotel* in Malchow auf Aktive. Ein ganz besonderes Highlight ist das *FleesenSee Hotels & Sportresort,* Nordeuropas größte Ferien- und Freizeitanlage mit einem umfangreichen Sportangebot, abwechslungsreicher Spa-Vielfalt und direktem Zugang zum Fleesensee.

Die Jugendherbergen sind nach Sternen kategorisiert, so hat Mirow 4 Sterne, Waren 3 Sterne, Malchow und Zielow (Röbel) jeweils 2 Sterne.

Gleiches gilt für Campingplätze, es gibt einen 5-Sterne-Platz in Groß Quassow, 4 Sterne haben Waren-Kamerun, Zislow und Silz, zusätzlich zu den 4 Sternen noch eine Eco-Zertifizierung für besondere Naturnähe haben der Naturcampingplatz Malchow, der FKK-Campingplatz Userin, der Campingpark am Weißen See und der Naturcampingplatz am Leppinsee.

Preissymbole

Unser Preissystem für empfehlenswerte **Hotel-/Ferienzimmer und Ferienwohnungen** (günstigste Wohnung/ Doppelzimmer für zwei Personen pro Nacht in der Hauptsaison):

€ = preiswert (bis 70 Euro)
€€ = mittel (bis 120 Euro)
€€€ = exklusiv (über 120 Euro)

Die schönsten Badestellen

Im *Land der 1000 Seen* ist Schwimmen und Baden fast überall möglich, die Wasserqualität ist bis auf wenige Ausnahmen ausgezeichnet. Die typischen Badestellen haben meist eine großzügige Liegewiese, ein feinsandiges Ufer ohne Steine und einen flachen Strand.

Die Müritz: Das Ostufer gehört zum größten Teil zum Nationalpark, schöne Badestellen gibt es südlicher in Boek am *Müritzparadies* oder in Rechlin, an der Badestelle *Mili.* Das westliche Ufer ist voller Wiesen und Hügel, dort gibt es kleinere Buchten. Nördlich in Klink ist ein sehr schöner breiter Sandstrand. Die Warener baden in der Binnenmüritz am *Volksbad* oder in *Ecktannen.*

Die Feisneck: Südlich von Waren liegen wunderschöne Badestellen rund um die Feisneck. Am Anfang ist ein größerer Sand-Badestrand, danach gibt es viele Badebuchten.

Kölpinsee: Den südlichen See umschließt das *NSG Blüchersches Bruch* mit einem dichten Schilfgürtel. Am östlichen Rand, westlich von Waren, befindet sich ein herrlicher Kinderbadestrand, der sehr flach ist und auch lange so bleibt, fast wie ein riesiges Planschbecken. Eine weitere Bademöglichkeit gibt es im Strandbad am Jabeler See, der über einen Kanal mit dem Kölpinsee verbunden ist.

Fleesensee: Es gibt viele stille Badebuchten, in Untergöhren *(Fleesen-See Hotels & Sportresort)* ist der Badestrand sehr lange flach, für Kinder geeignet. In Malchow befindet sich ein schönes großes Strandbad in der Strandstraße mit großer Liegewiese.

Plauer See: Er ist einer der schönsten Seen und wurde 2011 von der Umweltstiftung *Global Nature Fund* mit dem Titel *Lebendiger See des Jahres* ausgezeichnet. Schöne Badestellen gibt es südlich von Plau am Campingplatz *Zuruf*, am östlichen Ufer in Zislow und am Lenz, sowie nördlich kleinere Strände am Naturcampingplatz Malchow oder am Plauer Werder (auch FKK).

Drewitzer See: Einer der klarsten Seen hat eine wunderschöne Badestelle in Sparow. Wer weiter östlich entlangwandert, findet seine eigene Badebucht und darf FKK betreiben.

Mit Kindern

Neben Baden oder Radfahren gibt es für Kinder in der Region eine Menge zu erleben. Viele werden hier vielleicht das erste Mal angeln, reiten oder Kanu fahren, abends am Lagerfeuer sitzen und selbst gefangenen Fisch grillen.

Besondere Höhepunkte sind naturnahe Erlebnisse wie der Besuch im **Bärenwald Müritz** (▸ Seite 102), bei den Wisenten am Damerower Werder (▸ Seite 85) oder im **Affenwald Malchow** (▸ Seite 93). Das **Müritzeum** in Waren (▸ Seite 49) bietet auch bei schlechtem Wetter viel Wissenswertes. Wetterunabhängig ist auch ein Ausflug in die **Müritz-Therme**

Die Seenlandschaft ist ein Urlaubsparadies für Kinder

Röbel (▸ Seite 77). Weitere Outdooraktivitäten bieten das **Slawendorf Neustrelitz**, der **Kletterwald Müritz** oder der **Wald-Hochseilgarten Havelberge** in Groß Quassow. Sehr spannend und regionaltypisch sind das **Agroneum** Alt Schwerin (▸ Seite 105) oder eine **Draisinenfahrt** ab Krakow oder Waren (▸ Seite 54). Viele Unternehmen wie zum Beispiel das *Familotel Borchard's Rookhus* am See sind als besonders familienfreundlich ausgezeichnet und haben ein umfangreiches Animationsprogramm.

Sport & Aktivitäten

Die Aktivitäten auf dem Wasser haben in den letzten Jahren stark zugenommen: Die schönste Art, sich zu bewegen, bleibt das **Segeln**. Hier spürt man den Wind hautnah, ist abhängig von der Natur und schont sie zugleich.

Überall gibt es heute Mietstationen für Boote aller Art. Dort erhält man auch Kartenmaterial und das vollständige Zubehör. Für **Kanuten** empfehlen wir geführte Touren, weil sie auch den Rücktransport beinhalten und spannendes Wissen vermitteln. Für Tagesgäste stehen ausgewiesene Biwakplätze zur Verfügung, zum Beispiel an der „Alten Fahrt" bei Boeker Mühle, in Granzin oder Wesenberg am Sportboothafen.

Dabei sollte der Wassersport immer mit Rücksicht auf die fragile Umwelt geschehen. Wenn weiter Motorjachten trotz Verbotsschildern in den Nationalpark brettern, mehr als 300 Kanuten täglich über die Seerosenfelder treiben oder gar überall an Land klettern, werden wir das, weshalb wir an die Müritz kommen, bald nicht mehr erleben. Im Sinne einer intakten Tier- und Pflanzenwelt gilt es deshalb einige Regeln zu beachten. Dazu zählt, nur an ausgewiesenen Biwakplätzen zu campen, den Müll mitzunehmen und Lärm zu vermeiden.

Tipps zum Wasserwandern

Die Müritz wird von Dampfern, Motorbooten, Seglern und Kanuten befahren. Der Wind weht vorwiegend aus westlicher Richtung, im Sommer schwach bis mäßig, im Frühjahr und Herbst auch mit Windstärke 3–4 und an circa 48 Tagen sogar mit 6–7.

Der See hat einige Untiefen, wodurch sich bei Wind kurze, steile Wellen aufbauen und das Gewässer für Segler zu einem anspruchsvollen Revier machen. Kanuten sollten ab Windstärke 3 das offene Wasser unbedingt meiden.

Urlaub mit Bello & Co.

Kleine und große Vierbeiner gehören seit Jahren zur Familie und sind im Urlaub selbstverständlich mit dabei. Die meisten Gastgeber haben sich darauf eingestellt und bieten Kuschelkörbchen, Fressnapf oder Leckerli an.

Auf einigen wenigen Campingplätzen sind Hunde nicht erlaubt, vorher also sicherheitshalber nachfragen. Es gibt viele extra ausgezeichnete Hundebadestrände wie zum Beispiel am Lenz (Plauer See).

Im Nationalpark herrscht Leinenzwang. Das dient nicht nur dazu, am Boden brütende Vögel zu schützen, sondern vor allem Bello selbst. Für Seeadler sind kleine und sogar mittlere Hunde nichts als Beute. An die Leine nehmen sollte man den Hund auch, wenn man durch ein Dorf kommt. Hier haben die Artgenossen das Hausrecht und nicht jeder bleibt hinterm Zaun. Aber im Allgemeinen bietet sich doch weitaus mehr Gelegenheit, ohne Leine zu toben.

Angeln in der Müritzregion

Nirgendwo kann man so schön angeln wie an der Müritz. Ob im Boot oder vom Ufer aus, im Teich oder auf dem „Kleinen Meer“, hier fangen Sie Fische, von denen Sie schon immer geträumt haben.

Wer keinen Fischereischein besitzt, kann unkompliziert einen Touristischen Fischereischein erwerben, erhältlich in Tourismusbüros, Hotels, auf Campingplätzen oder bei den Müritzfischern auch online.

Freie Gewässer gibt es nicht, also braucht man zusätzlich eine Angelkarte des jeweiligen Fischers, ebenfalls überall erhältlich. Die Müritzfischer bieten Ferien- und Bootshäuser, Bootsverleih und geführte Touren an: www.mueritzfischer.de

Angeln kann man zu jeder Jahreszeit: Im Frühjahr Hecht, Karpfen und Barsch. Im Sommer kommen zu den Frühjahrsarten auch Aal, Zander, kleine Maränen, Rotfedern und Plötzen hinzu. Ein Erlebnis ist das Welsangeln.

Der Herbst ist die Zeit der dicken Karpfen (z. B. im Mühlensee bei Kargow oder im Loppiner See bei Jabel). Im Winter geht's auf Weißfisch, große Barsche, riesige Zander und Hechte. Oft sieht man die kapitalen Burschen ganz ruhig direkt am Ufer stehen. Eine Krebssafari bieten die Alt Schweriner Fischer an, die auch ein tolles Fischrestaurant am Plauer Werder und ein Anwesen in Sietow haben.
www.fischerei-alt-schwerin.de

Ebenfalls reizvoll: das Teichangeln, zum Beispiel auf Forellen in Stuer am Bärenwald bei *Mütze's Räucherfisch* (▸ Foto).

Wissenswertes von A–Z

Apotheke
Mehrere Apotheken befinden sich in Waren, eine weitere in Rechlin und zwei in Röbel.

Ärztliche Versorgung
Notfallpatienten werden im Müritz-Klinikum in Waren versorgt.

Bankkartenverlust
Für Karten aller deutschen Kreditinstitute: Tel. 11 61 16

Kurtaxe
Die Orte haben unterschiedliche Kurtaxen, die Preise gelten pro Tag/Person und liegen je nach Saison zwischen 0,50 € für Kinder und 1,50 € für Erwachsene.

Notfallnummern
Polizei: 110
Rettungsdient: 112
Feuerwehr: 112
Giftnotruf: Tel. (03 61) 73 07 30
Pannenhilfe des ADAC:
Tel. (0 18 02) 22 22 22

Nützliche Adressen
Hinweise auf lokale Tourismusbüros stehen in den jeweiligen Ortskapiteln.

Tourismusverband Mecklenburgische Seenplatte e. V.
Turnplatz 2 | 17207 Röbel/Müritz |
Tel. (03 99 31) 53 80 |
www.mecklenburgische-seenplatte.de

Medientipps

Presse
Die regionalen Tageszeitungen sind der **Nordkurier** mit den Lokalteilen Müritz, Neustrelitz und die **Schweriner Volkszeitung** mit dem Lokalteil Lübz, Goldberg, Plau:
www.nordkurier.de
www.svz.de

Internet
www.auf-nach-mv.de
www.mecklenburgische-seenplatte.de
Umfassende Informationen zur Urlaubsregion, Buchungsportal für Übernachtungen und Tickets, Gastgeberverzeichnis, Tipps für Radler, Wanderer, Hausboote, Familien, Camper, Kultur.

www.mueritz.de
Engagiertes, privates Portal. Hintergründe, Wetter, Reise- und Veranstaltungstipps, alle mit GeoTracks, Betreiber der 1 000Seen-Card, Buchung von Unterkünften.

www.wir-sind-Mueritzer.de
Lokales Netzwerk an der Müritz mit aktuellen Tipps, Terminen, Stellenanzeigen, Neuigkeiten.

www.mueritz-nationalpark.de
Alle Informationen über den Müritz-Nationalpark, auch zu geführten Wanderungen, GPS-Erlebnistouren und Geocaching.

www.dermueritzer.de
Informationen, Freizeittipps und Termine, auch als Printausgabe in den örtlichen Tourismusinformationen.

Literatur

Frank Pergande
Die Inselkrähe von Mirow
(Hinstorff 2014)
Kurzweiliges Lesevergnügen: historischer Krimi, der auf Schloss Mirow im Jahr 1761 spielt.

Corina Bomann
Ein zauberhafter Sommer
(Ullstein 2016)
Starke Frauen an der Müritz. Wiebke aus Berlin besucht ihre Tante Larissa, eine Lebenskünstlerin. Das Buch ist Liebesgeschichte, Landschaftsbeschreibung und Unterhaltung.

Torsten Foelsch
Das Residenzschloss zu Neustrelitz: Ein verschwundenes Schloss in Mecklenburg
(Foelsch & Fanselow Verlag 2016)
Der Autor entschlüsselt die Rätsel der zweihundertjährigen Baugeschichte des Schlosses Neustrelitz.

Jana Jürss
Marlene Torvett und das Märchen vom Glück
(KSB-Media 2015)
Mord in Neustrelitz, spannender Regionalkrimi.

Karten

Rad-, Wander- und Gewässerkarte Müritz
(Grünes Herz 2014)
Maßstab 1:35 000. Wasser- und reißfest.

ADFC Regionalkarte Mecklenburgische Seenplatte
(BVA Bielefelder Verlag 2016)
Maßstab 1:75 000. Wasser- und reißfest, GPS-Tracks Download.

Rad- und Wanderkarte Müritz-Nationalpark
(Klemmer Verlag 2015)
Maßstab 1:50 000, GPS-geeignet.

Im Wisentreservat Damerower Werder teilt man sich die Bank mit Schnitzfiguren

Am Neuen Markt in Waren (Müritz) befindet sich auch das Neue Rathaus mit dem Stadtgeschichtlichen Museum ▸ Seite 48

Orte & Landschaften

Waren (Müritz)

Das Heilbad Waren ist das Zentrum der Mecklenburgischen Seenplatte. Die quirlige Stadt an der Müritz bezaubert mit ihrem mondänen Stadthafen, den malerischen Fachwerkhäusern am Neuen Markt und dem Naturerlebniszentrum Müritzeum.

Erste Orientierung

Vom Hafen herauf ziehen sich die kleinen Gassen der Altstadt ringförmig bis zum Neuen Markt (▸ Seite 47), von hier aus führt eine lebendige Shoppingmeile bis hin zum *Müritzeum* (▸ Seite 49), dem neuen Zentrum von Waren. Die malerische Altstadt mit den hübschen Fachwerkhäuschen beherbergt viele gute Restaurants, kleine Geschäfte oder Cafés. Im Sommer ist der Stadthafen (▸ Seite 47) der Mittelpunkt. Hier flaniert man die Promenade entlang, sitzt auf den Terrassen oder hört den Straßenmusikern zu. Wer mit dem Boot vor Anker geht, findet in Waren alles was er braucht. Gratis dazu gibt es klare Luft, ausgezeichnete Wasserqualität und einen tollen Sonnenuntergang.

Steckbrief: Waren (Müritz)

Offizieller Name: Heilbad Waren (Müritz)
Gründung: 13. Jahrhundert
Verwaltung: Mittelstadt im Landkreis Mecklenburgische Seenplatte
Einwohner: 21 153 (Stand Dezember 2015)
PLZ: 17192
Vorwahl: 0 39 91
Fläche: 158,39 km²
Geografische Lage: Am Nordufer der Müritz, 95 km südlich von Rostock, 178 km nördlich von Berlin, 210 km östlich von Hamburg
Wirtschaft: Mecklenburger Metallguss (Schiffsschrauben), Möwe Teigwaren, DMK (Nordmilch Bremen), Fleischwarenindustrie Gebr. Nölke, Tourismus

Bewegte Geschichte

Urkundlich erwähnt wurde Waren 150 n. Chr. Der Name „Waren" könnte vom germanischen Stamm der „Warnen" herrühren. Die slawischen Stämme, die Mitte des sechsten Jahrhunderts einwanderten, sagten zum großen See „Morcze" – das „Kleine Meer". Sie errichteten in Waren eine Burg, die am höchsten Punkt, südlich der heutigen Marienkirche, lag. Mitte des 13. Jahrhunderts verlieh der Wendenfürst Nikolaus I. mit einer Urkunde Waren das Stadtrecht, dieses Datum wird heute als Gründungsjahr gefeiert. Nach den Wendenkreuzzügen kamen deutsche Siedler, vor allem aus Westfalen. Sie begannen eine rege Bautätigkeit. Rund um den Alten Markt entstand eine Stadt. Das Alte Rathaus mit zwei Stockwerken steht am Alten Markt Nr. 14, vor der Georgenkirche. Dieser Backsteinbau ist das älteste weltliche Gebäude von Waren. Ein lohnenswerter Spaziergang dorthin geht von der Einkaufspassage in der Langen Straße hinauf über die Schulstraße. Hier findet man auch das *Café Tortenhus* in der Alten Feuerwache. Gleich gegenüber liegen die Vinothek *Wein-Tango* und der Eingang zum Hotel *Kleines Meer* mit dem Feinschmeckerrestaurant.

Nach mehreren Großbränden entstand 1797 ein größeres, Neues Rathaus mit drei Etagen am Neuen Markt, in dem Gebäude befindet sich heute auch das Museum für Stadtgeschichte.

◂ Im Warener Stadthafen verströmen die eleganten Jachten ein mondänes Flair. Im Hintergrund erhebt sich die St. Georgenkirche

Die Warener Sole

Etwa 1 550 Meter unter der Müritz befindet sich ein riesiges Salzmeer. Man geht davon aus, dass es flächenmäßig größer ist als das Tote Meer.

Die ersten erfolgreichen Bohrungen auf dem Papenberg fanden bereits 1980 statt. Dort wurde 1984 die erste deutsche Geothermische Heizungsanlage in Betrieb genommen. Eine ganze Plattenbausiedlung konnte so durch warmes Wasser versorgt werden.

Nach der Wende testete man das Thermalwasser auch auf seine medizinischen Eigenschaften und stieß schnell auf die Heilwirkung. Die Stadtwerke Waren gewinnen heute aus der Warener Sole mit Hilfe eines Verdunstungsverfahrens Badesalz. Das ist nicht nur ein schönes Souvenir, auch Hotels können so diverse Anwendungen anbieten.

Eine zweite Bohrung brachte das Thermalwasser direkt ins neue Kurzentrum auf den Nesselberg. Die jodhaltige Thermalsole ist 63 °C warm und hat einen Salzgehalt von 158 Gramm je Liter.

Indikation: Durchblutungsstörungen, Bluthochdruck, Herz-Kreislauf-Erkrankungen, Rheumatische Erkrankungen, Neurodermitis, Atemwegs- und Stoffwechselerkrankungen.

Kurzentrum Waren | Am Kurpark 2 | Tel. (0 39 91) 1 82 40 | www.kurzentrum.com

Tradition hat in Waren natürlich die Fischerei, was sehr schön im Fischereimuseum südlich des Hafens dokumentiert wird.

Spaghetti für die DDR

Das 19. Jahrhundert brachte der Stadt einen mächtigen Aufschwung. Neben einer Eisengießerei und der Dampfsägerei begann 1889 auch die Erfolgsgeschichte der Molkereigenossenschaft Waren. Bereits im Jahre 1900 wurden dort sechs Millionen Liter Milch verarbeitet. Ab 1948 ging die Arbeit weiter als *VEB Naschkatze*. Der Betrieb belieferte den gesamten Norden der DDR mit Butter, Kondensmilch, Quark, Trocken- und Frischmilch. 1999 übernahm *Nordmilch Bremen* die Erfolgsmolkerei und begann mit der Käseproduktion, seit 2007 mit der Regionalmarke *Milram Müritzer*.

Ähnlich erfolgreich ist seit 1952 auch die Eier-Teigwaren-Fabrik *Möwe*. 1968 produzierte sie die ersten Spaghetti für DDR-Bürger. Heute verlassen jährlich 15 000 Tonnen Nudeln in sechzig verschiedenen Formen das Werk.

Erfolgszahlen schreibt auch die *Mecklenburger Metallguss GmbH*, seit mehr als sechzig Jahren werden in Waren Schiffspropeller gegossen.

Doch der wichtigste Wirtschaftszweig bleibt der Tourismus. Schon mit der Eröffnung der Lloydbahn (Neustrelitz–Warnemünde) 1886 kamen verstärkt Sommerfrischler an die Müritz. Gemeinsam mit der Berliner Nordbahn bestand nun eine durchgehende Verbindung Berlin–

Kopenhagen. 1894 baute der erste Berliner eine Villa zwischen die Tannen im heutigen Stadtteil Ecktannen. Schnell folgten weitere Häuser. In der *Villa Zwick* machte Fontane 1896 Urlaub. Damals schon 77-jährig, schrieb er in Ecktannen an seinem *Stechlin*.

1913 standen bereits 26 Villen in der heutigen Fontanestraße. Sie führt heute zum *Campingplatz Ecktannen* (▸ Seite 52). Manche Häuser wie das *Hotel Ecktannen* (▸ Seite 51) können bereits auf eine hundertjährige Hotelgeschichte zurückblicken.

Seit 2012 ist Waren auch anerkanntes Heilbad mit eigener Thermalsole und einem Kurzentrum (▸ Seite 46).

Sehenswertes

★ Stadthafen

Es ist fast wie in Italien, ein lebendiger Platz, wo man sich an lauen Sommerabenden trifft.

Ende des 13. Jahrhunderts war Waren wegen seiner Lage am Wasser ein beliebter Umschlagplatz für Getreide. Aus dieser Zeit stammen die großen mittelalterlichen Speicher, die das Markenzeichen des Warener Hafens darstellen, heute als Hotel und Restaurant genutzt. Der Hafen teilt sich in Jachthafen und Schiffsanleger. Für rund zehn Millionen Euro wurde das gesamte Hafengelände erneuert und 2016 feierlich übergeben. Mit 70 neuen Bootsliegeplätzen stehen nun insgesamt 250 zur Verfügung. Wer erst mal probieren will, kann hier verschiedenste Bootstypen ausleihen.

Neuer Markt

Zentrum der Stadt Waren ist der Neue Markt mit seinen schönen Fachwerkfassenden. Besonders sehenswert sind die ehemalige Löwen-Apotheke, jetzt *Haus des Gastes* mit der Touristeninformation, und schräg gegenüber das Neue Rathaus. Der Kugelbrunnen in der Mitte entstand nach Entwürfen des Warener Keramikers Franz Poppe. Auf dem Neuen Markt ist immer etwas los, am nördlichen Ende beginnt die belebte Einkaufsmeile und es laden mehre-

Der Neue Markt mit Neuem Rathaus und Kugelbrunnen in der Mitte

re Themenmärkte ein: dienstags und donnerstags der Wochenmarkt, freitags der Fischmarkt, im Sommer alle 14 Tage die *Grünen Märkte*.

Infos unter: www.waren-tourismus.de

Neues Rathaus – Stadtgeschichtliches Museum

Das Neue Rathaus wurde 1791–1797 im Stil der Tudorgotik erbaut. Es beherbergt heute das Stadtgeschichtliche Museum, die aktuelle Stadtverwaltung sitzt am Rande der Altstadt. Die heutige Form stammt aus dem Jahre 1855. Im Zuge des Kapp-Putsches kam es am 18. März 1920 in Waren zu einem Gefecht. Ein Einschussloch ist noch auf der Rückseite des Gebäudes zu sehen.

Stadtgeschichtliches Museum | Neuer Markt 1 | Tel. (0 39 91) 17 73 52 | Mo–Fr 9–16, Sa/So 14–17 Uhr | Erw. 2 € (mit Kurkarte 0,50 €)

St. Marienkirche

Oberhalb des Hafens liegt die „Niege Kerk“. Die eher schlanke St. Marienkirche beherbergt mit dem Feldsteintor und der Sakristei aus dem 13. Jahrhundert die ältesten Gebäudeteile der Stadt. Beide gehörten zur Burgkapelle der einstigen Wendenburg. Nach einem Großbrand erfolgte 1792 ein Wiederaufbau. Sehenswert ist die achteckige Turmhaube, auf der eine Fahne mit einem Schwan, dem Warener Wahrzeichen, angebracht ist. Der Turm ist mit 54 Metern das höchste Gebäude der Stadt.

Sankt-Mariengasse | Tel. (0 39 91) 63 57 23 | www.stmarien.de | Ostern bis Ende Okt. Mo–Fr 10–18, Sa 10–16, So 11–16 Uhr | Turmbesteigung Erw. 1 €, Kinder 0,50 €

St. Georgenkirche

„De Oll Kerk“ steht wie eine mächtige Burg über der Stadt. 1237 vermutlich als Holzkirche erstmalig erwähnt, danach mehrmals abgebrannt. Zu sehen ist heute ein Backsteinbau, der quadratische Westturm stammt von 1414. Der Rest wurde Mitte des 19. Jahrhunderts im neugotischen Stil umgebaut.

Sankt-Georgen-Kirchplatz | Tel. (0 39 91) 73 25 04 | Mai–Sep. Mo–Sa 10–16 Uhr, Okt. Mo–Sa 12–16 Uhr

Militärhistorisches Marinemuseum

In der Einkaufspassage gelegenes, kleines Vereinsmuseum. Etwa 1 000 Marinegegenstände – von alten Uniformen bis hin zu Urkunden, Orden und Ehrengeschenken ab 1860: Kaiserliche Marine, Reichsmarine, Kriegsmarine bis 1945, Nationale Volksmarine, Bundesmarine.

Lange Str. 3 | Tel. (0 39 91) 6 32 54 82 80 | www.marinemuseum-mueritz.de

Kleines Fischereimuseum

Bei den Müritzfischern, 100 Meter südlich des Hafens. Alles über den Arbeitsalltag der Fischer in Vergangenheit und Gegenwart. Historische Fanggeräte, informative Tafeln über Fische und typische Tiere der Müritz.

Am Seeufer 73 | Tel. (0 39 91) 15 34 25 | Anfang Mai–Ende Okt. tgl. 10–17 Uhr

Baden

Alle Badestellen in Waren haben eine ausgezeichnete Wasserqualität. Das **Volksbad** an der Müritz ist das traditionelle Bad der Warener, etwa einen Kilometer westlich des Zentrums: Große Liegewiese, Sandstrand, Umkleiden, Toiletten, Wasserrutsche, Beachvolleyball, Nichtschwimmerbereich und Gaststätte *Zum Strandkorb*.

Die Badestelle **Ecktannen** liegt am Campingplatz Ecktannen, drei Kilometer südlich des Zentrums: Liegewiese, Sandstrand, Spielplatz, Grillplatz, Toiletten. Im Sommer bewirtet die *Waldschänke*.

★ Müritzeum – das NaturErlebnisZentrum

Das imposante Gebäude des Müritzeums wurde 2007 eröffnet. Hier können Besucher spielerisch die Natur der Mecklenburgischen Seenplatte an Land und unter Wasser mit allen Sinnen erleben.

Besonders beeindruckend ist der Blick unter die Wasseroberfläche im Untergeschoss. Highlight von Deutschlands größter Aquarienlandschaft für heimische Süßwasserfische ist das große Tiefenbecken, in dem ein Maränenschwarm seine Kreise zieht. Das 105 000 Liter umfassende Aquarium erstreckt sich über zwei Etagen. Daneben beherbergen 26 naturnah gestaltete Becken zahlreiche Fischarten und Tiere, die in den Flüssen und Seen rund um die Müritz heimisch sind. Toller Blickfang: Das Haus der 1 000 Seen erhebt sich aus dem Herrensee. Durch eine Glasscheibe kann man das Leben über und unter der Wasseroberfläche des Sees genau beobachten.

Die Natur an Land wird in Themenräumen interaktiv aufbereitet. Im Vogelraum lauscht man dem Konzert von Dutzenden Singvögeln, im Waldsaal versetzt die Nachbildung einer 1 000-jährigen Eiche in Erstaunen, im Themenraum *Zeitreise* wird erfahrbar, wie die Eiszeit den Landstrich formte.

Im *Haus der Sammlungen* erhält man Einblick in die Naturhistorischen Sammlungen Mecklenburg-Vorpommerns. Entspannen kann man beim Rundgang um den idyllischen Herrensee im Museumsgarten. Das Restaurant *Fischers Küche* im Haus kann man auch ohne Eintritt besuchen.

Zur Steinmole 1 | Tel. (0 39 91) 63 36 80 | www.mueritzeum.de | Apr.–Okt. tgl. 10–19 Uhr, Nov.–März tgl. 10–18 Uhr

Die **Feisneck** ist ein sehr sauberer, idyllischer See mit Badestrand zwei Kilometer südöstlich vom Zentrum. Dahinter liegt ein FKK-Strand.

Drei Kilometer außerhalb von Waren Richtung Röbel liegt der **Kinderstrand am Kölpinsee:** Sand- und Flachwasserstrand (ca. 500 m), unbewacht. Große Liegewiese und Bäume.

Verbindungen

Bahn

IC 1 mal täglich von München über Berlin und Waren nach Rostock, RE alle 2 Stunden Richtung Rostock und Berlin. RB ca. alle 2 Stunden von Waren nach Malchow.

Bus

Regionalbus: Waren–Klink, Waren–Rechlin–Röbel–Neubrandenburg, Waren–Teterow–Linstow Ferienpark, Waren–Malchow

www.mvvg-bus.de

Nationalpark-Bus: Fährt von Apr. bis Anfang Okt. ab Waren stündlich durch den Nationalpark nach Boek, Bolter Kanal, Rechlin (Hafendorf) und zurück. Für den Bus gibt es das Nationalpark-Ticket (▶ Seite 60), das auch auf Schiffen gültig ist. Fahrradmitnahme kostenlos.

Information

Haus des Gastes

Infos, Stadtführungen, Audioguides, Tickets, Zimmervermittlung.

Neuer Markt 21 | 17192 Waren | Tel. (0 39 91) 74 77 90 | www.waren-tourismus.de | Mai–Sep. tgl. 9–20, Okt.–Apr. Mo–Fr 9–18 , Sa 10–15 Uhr

Historische Stadtführung

Treffpunkt: Haus des Gastes.

Mai–Sep. tgl. 11 Uhr

Abendliche Stadtführung

Treffpunkt: Haus des Gastes.

Anfang Okt.–Ende März. immer Fr 18 Uhr

In der Langen Straße kann man entspannt schlendern und shoppen

Hafenmeister
Stadthafen Waren: Sanitäre Anlagen, Strom, Wasser, Diesel, Waschmaschine, Lieferservice, WC, Dusche.
Müritzstraße14 | Tel. (01 72) 6 42 69 18 oder (0 39 91) 66 67 54 | www.im-jaich.de

Übernachten

Hotel am Yachthafen 1
Niveauvolles Hotel im alten Kornspeicher, direkt am quirligen Jachthafen. Weitere elegante Suiten im Kapitänshaus dahinter. Café mit leckeren Kuchen und Frühstück.
Strandstraße 2 | Tel. (0 39 91) 6 72 50 | www.am-yachthafen.de | €€

Hotel Kleines Meer
▸ Essen & Trinken

Radlon Fahrrad-Komfort-Hotel 2
Fahrrad- und Design-Hotel mit eigener Fahrradservice-Station. Zentrale Lage nahe Hafen, direkt am *Müritzeum*. Moderne, helle Zimmer mit Hartböden. Serviceorientiert für Radler aller Altersgruppen, Lifestyle-Restaurant mit Grill- und Café-Terrasse. Küche: regional, leicht, lecker.
Kietzstraße 13a | Tel. (0 39 91) 1 80 50 00 | www.radlon.de | €€

Hotel am Müritz-Nationalpark
Stilvolles, kleines Haus direkt am Eingang des Nationalparks, ruhig, romantisch. Angebot von Malkursen, Glasperlenwerkstatt. Restaurant *Leddermann* (▸ Essen & Trinken).
Specker Straße 71 | Tel. (0 39 91) 6 21 90 | www.hotel-nationalpark.de | €€

Hotel Ecktannen
4-Sterne-Klassiker mit 100-jähriger Hotel-Tradition. Große, stilvolle Zimmer und Suiten. Wellness, Bootsanleger für Gäste. Restaurant *Moritz:* Küchenchef René Preuß legt Wert auf Qualität und regionale Frische.
Fontanestraße 51 | Tel. (0 39 91) 62 90 | www.seehotel-ecktannen.de | €€

Ringhotel Villa Margarete
Ruhiges 4-Sterne-Hotel in einer schönen Villa im Ortsteil Ecktannen, unweit des Nationalparks, zum Stadtzentrum ca. 1 km. Stilvolle Zimmer, Lift. Wellness mit Anwendungen aus der Warener Heilsole. Restaurant mit Terrasse. Küchenchef Christian Braun mag regional-mediterrane Küche mit frischen Zutaten.
Fontanestraße 51 | Tel. (0 39 91) 62 50 | www.villa-margarete.de | €€

Ferienwohnungen

Wasserturm Waren
Architekten und Freunde der Genossenschaft „Bewahren“ haben den alten Wasserturm zu neuem Leben erweckt. Vier Fewos (eine barrierefrei) für 2–6 Personen mit Balkon, Kamin und sehr individuellem Design. Ruhig gelegen, nahe der Kurklinik.
Auf dem Nesselberg 1 | Tel. (01 51) 41 64 07 11 | www.bewahren.org | €€

Jugendherberge

DJH Jugendherberge Waren
Zwischen Zentrum und Nationalpark-Eingang, 50 m zur Müritz. Neueres Haus mit 102 Betten, zwei rollstuhlgerechte Zimmer mit Dusche.
An der Feisneck 1a | Tel. (0 39 91) 18 69 00 | www.jugendherbergen-mv.de

Camping

Camping- und Wohnmobilpark Kamerun
4-Sterne-Campingplatz direkt an der Müritz, westlich vor den Toren der Stadt, 1,5 km bis ins Zentrum. SB-Laden, tgl. frische Brötchen, Räucherfisch, Wander- & Angelkarten, Segel- & Surfschule, Motor-, Ruderboot- & Fahrradverleih, Kinderanimation, Baby- und Behindertenbad, Ponyland,

Streichelzoo, Badestrand für Hunde, Wohnmobilhafen vor der Schranke, Restaurant *Kamerun-Lodge* und Appartements.
Zur Stillen Bucht 3 | Tel. (0 39 91) 12 24 06 | www.kamerun-lodge.de

Campingplatz Ecktannen
Großer Platz direkt an der Müritz, nahe Nationalpark, idealer Ausgangspunkt für Radler. Lichter Kiefernwald, eigener Badestrand. Blockhäuser mit einfachen Feldbetten. Fahrrad- und Bootsverleih, Surfschule, Spielplatz, Streichelzoo, Gaststätte.
Fontanestraße 66 | Tel. (0 39 91) 66 85 13 | www.camping-ecktannen.de

Essen & Trinken

via Tipp **Hotel Kleines Meer** 1
Stilvolles, kleines 4-Sterne-Hotel am Alten Markt mit Feinschmeckerrestaurant, Terrasse mit Seeblick. Küchenchef Hendrik Türk, international prämiert, steht für kreative Aromenküche mit regionalen Zutaten. Unbedingt seine himmlischen Desserts probieren, z. B. Butterblumenparfait. Im Winter gibt er auch Kochkurse. Sehr zu empfehlen!
Alter Markt 7 | Tel. (0 39 91) 64 80 | www.kleinesmeer.de | tgl. 12–22.30 Uhr

Räucherkahn 2
Beliebte Räucherei und Fischimbiss an der Steinmole, tgl. frischer Fisch, preiswert speisen mit Blick auf die Müritz.
Strandstraße 999 | Tel. (0 39 91) 66 46 95 | www.raeucherkahn.de | Tgl. ab 10 Uhr

Dat Tortenhus 3
Tolle, hausgemachte Torten nach Omas Rezepten, nettes Ambiente, das Café von Birko Maluschak wurde sogar vom *Feinschmecker* prämiert.
Kirchenstraße 16 |
Tel. (01 70) 548 65 88 |
www.dat-tortenhus.de |
Tgl. 11–18 Uhr, Di Ruhetag

Ristorante Venezia & Eiscafé Tutti Frutti 4
Bella Italia am Hafen, im alten Kornspeicher. Großes Restaurant auf zwei Etagen, riesige Terrasse, Pizza, Pasta, alles prima, doch das Beste ist das hausgemachte Eis.
Strandstraße 1 |
Tel. (0 39 91) 6 32 55 50 |
www.venezia-waren.de |
Sommer tgl. 8–24, Winter 10–22 Uhr

Pier 13 & Hafenbar 5
Beliebtes Fischrestaurant mit Terrasse am Stadthafen. Urig, gemütlich, deftige, große Portionen. In der Hafenbar im 1. Stock geht's am Wochenende auch mal länger zu mit schönen Cocktails und Tanz.
Strandstraße 4 | Tel. (0 39 91) 66 42 41 | www.pier-13.de | Ganzjährig 11.30–22 Uhr

Brauhaus Müritz 6
300 Meter nördlich vom *Müritzeum*, am Tiefwarensee. Hotel, Kegelbahn, gläserne Brauerei. Deftige Mecklenburger Küche, Di/Mi Räucherfisch, Fr/Sa Spanferkelgrill im Biergarten. Brauhausführung mit Verkostung möglich (5 €).
Am Tiefwarensee 1 | Tel. (0 39 91) 18 15 40 | www.am-brauhaus.de

Leddermann
Im Hotel am Müritz-Nationalpark – Restaurant & Café von Carsten Leddermann, lauschige, romantische Gartenterrasse, junge, engagierte, deutsch-mediterrane Küche, gehobenes Ambiente, abends unbedingt reservieren!
Specker Straße 71 |
Tel. (0 39 91) 62 19 40 |
www.restaurant-leddermann.de |
Mo–Do 14–22, Fr–So 11.30–22 Uhr

Birko Maluschak verkauft Torten zum Niederknien im „Dat Tortenhus"

Moments Restaurant & Bar 7
Klein aber fein, ein Restaurant für besondere Momente mit mediterraner und persönlicher Note: Tapas, Fisch, Fleisch, Cocktails, alles hochwertig und lecker, super Service.
Unterwallstraße 3 | Tel. (0 39 91) 6 32 56 30 | www.moments-waren.de | Di–So ab 17 Uhr

Einkaufen

Märkte
Auf dem Neuen Markt (▸ Seite 47) finden mehrmals wöchentlich Themenmärkte, Sondermärkte sowie der Warener Weihnachtsmarkt statt.

Buchhandlung Steffen
Ehemals Buchhandlung Wilke. Sehr übersichtliche, helle und modern eingerichtete Buchhandlung.
Lange Straße 7 | www.steffenbuch.de | Mo–Fr 9–18, Sa 9–14 Uhr

Buchhandlung müritz.buch
Engagierte, sehr gut sortierte Buchhandlung. Ein Ort, wo man Bücher liebt! Zudem im Sortiment: regionale Produkte und Karten.
Lange Straße 13 | www.mueritzbuch.de | Mo–Fr 9–18, Sa 9–14 Uhr, Apr.–Okt. auch So 13–17 Uhr

Die Boje
Am Stadthafen. Souvenirs, regionale Produkte, Handarbeit, Ansichtskarten, Rad- und Wanderkarten, Müritzer Badesalz aus der Heilsole, Angelkarten, Vermittlung von Unterkünften, Tickets für Müritz-Saga und Nationalpark-Bus.
Müritzstraße 5 | Tel. (0 39 91) 6 73 19 93 | www.mueritzboje.de | Mo–Sa 9–18.30, So 9–17.30 Uhr

De gaude Kost
Bio- und Regionalprodukte, auch Biokosmetik.
Strandstraße 3 | Tel. (0 39 91) 63 35 15 | www.degaudekost.com

Tête à Tee & Kaffeerösterei
Liebevolles, beschauliches Café mit Laden im Kietzspeicher. Feine Tees,

Öko-Kaffee aus eigener Röstung, Schokoladen, Porzellan.
Kietzstraße 17–21 | Tel. (0 39 91) 18 05 47 | www.mueritz-tee.de

Weintango
Gut sortierter Weinladen am *Hotel Kleines Meer,* Weinproben, Lieferung frei Haus oder aufs Boot.
Alter Markt 7 | Tel. (0 39 91) 64 82 20 | www.weintango-waren.de

Papillon
Hübsche Geschenke aus den Werkstätten der Lebenshilfe, Fair-Trade-Produkte, regionale Töpferwaren, Schmuck, Holzspielzeug, Genussmittel, Obst, Gemüse.
Kirchenstraße 19 | Tel. (0 39 91) 66 84 90 | www.lebenshilfswerk-waren.der

via Tipp **Fisch Kauf Haus**
Frischer Fisch von den Müritzfischern, Wildfisch aus aller Welt, tagfrische Verarbeitung aus der Müritz-Fischmanufaktur. Auch Onlinebestellungen mit Expressversand.
Eldenholz 42 | Tel. (0 39 91) 1 28 27 70 | www.fischkaufhaus.de | Mai–Okt. Mo–Fr 7–18, Sa/So 8–13 Uhr, Nov.–Apr. Mo–Fr 7–1, Sa 8–13 Uhr

Aktivitäten

Kletterwald Müritz
In der Nähe des Campingplatzes *Kamerun*. 12 Kletter-Parcours mit über 110 Elementen in 3–12 m Höhe.
Kameruner Weg 13 | Tel. (0 39 91) 63 12 26 | www.kletterwald-mueritz.de

Draisine Waren
Ausleihstation unweit des Warener Bahnhofs. Apr.–Okt. und auf Anfrage. Auf der ehemaligen Eisenbahnstrecke Waren–Malchin bis Schwinkendorf (13 km). Auch kürzere Strecken als Halbtagestour möglich.
Am Güterbahnhof/Wiesenstraße | Tel. (03 99 31) 5 46 41 oder (01 72) 3 26 06 94 | www.draisine-mecklenburg.de

Müritz-Saga
Open-Air-Theater. Amüsantes Spektakel mit historischen Kostümen, Rei-

Beliebter Stopp bei Radausflügen: der Räucherkahn an der Steinmole

terei, Mantel- und Degenromantik und Musik für die ganze Familie.
Freilichtbühne Am Mühlenberg |
www.mueritz-saga.de |
Juli– Sep. Mi–Sa 19.30, So 17 Uhr

CineStar Waren (Müritz)
Das Kino im Bürgerzentrum liegt an der Kreuzung B 108/B 192, etwa 750 m vom Stadtzentrum entfernt.
Zum Amtsbrink 9 | www.cinestar.de

Fahrradverleih

Fahrradvermietung Harry Hurtig
Verkauf, Reparatur und Verleih von Stadt-, Trekking- und Kinderrädern, Mountainbikes, E-Bikes.
Strandstraße 3b und Große Gasse 16 |
Tel. (0 39 91) 66 80 03 | www.harryhurtig.de

Zweirad Karberg
Verkauf, Werkstatt, Vermietung von Rädern aller Art, Kindersitzen, Hundeanhängern. Geführte Radtouren.
Lange Straße 46 | Tel. (0 39 91) 66 60 80 |
www.zweirad-karberg.de

Radlon
Werkstatt, Vermietung, Stadt- und Trekkingräder, XXL-Räder, Mountainbikes, E-Bikes, Kinderräder, Hundeanhänger.
Kietzstraße 13 | Tel. (0 39 91) 1 80 50 00 |
www.radlon.de

Bootsverleih

Bootscharter Jörg Malow
Verleih von Jachten & Motorbooten, Bootsreparatur, Bootshandel, Transporte, Bootsfahrschule.
Müritzstraße 14 | Tel. (0 39 91) 66 23 94
oder (01 71) 4 01 87 38 |
www.bootscharter-malow.de

Sail POINT Wassersportzentrum
Im Ortsteil Kamerun, Verleih und Kurse: Motor- und Segelboote, Ferienwohnungen, Marina.
Zur Stillen Bucht 2 | Tel. (0 39 91) 66 66 90 |
www.sail-point.de

Funmüritz Wassersportcenter
OT Kamerun: Kurse und Verleih von Kanu, Katamaran- und Jollensegeln, Windsurfen, Stand-up-Paddeln.
Zur Stillen Bucht 3 | Tel. (01 57) 76 08
08 74 | www.fun-mueritz.de

Marina Eldenburg
Am Reecksee zwischen Binnenmüritz und Kölpinsee. Bootsverleih und Restaurant, Ferienhäuser, Hausboote, Sportboote. Hafen-Restaurant Apr.–Okt. 11–21 Uhr: Frische, regionale Küche, schöne Terrasse.
An der Reeck 1a | Waren (OT Eldenburg) |
Tel. (0 39 91) 1 23 40 00 |
www.marina-eldenburg.de

Schiffsausflüge

Weisse Flotte Müritz
Linien-, Rund-, Tages- und Flusskreuzfahrten. Das Dampfschiff *Europa* fährt bei Eisfreiheit das ganze Jahr ab Stadthafen Waren, Sa/So Drei-Seen Rundfahrt, im Sommer täglich. Alle anderen Schiffe fahren Apr.–Okt. von der Steinmole tgl. auf sieben Routen u. a. nach Klink, Röbel, Rechlin, Mirow, Fleesensee (Hafen Untergöhren), Malchow, Plau, Bad Stuer und Rheinsberg. Tickets an Bord oder im Büro im Kietzspeicher:
Strandstraße/Steinmole | Tel. (0 39 91)
12 26 68 | www.weisse-flotte-müritz.de

Blau-Weisse Flotte
Alle Schiffe starten am Stadthafen bei Pier 13. Bei Eisfreiheit ganzjährig Linien- & Rundfahrten, u. a. nach Schloss Klink, Malchow, Ferienresort Fleesensee (Hafen Untergöhren), Plau, Röbel, Mirow, Rechlin und Neustrelitz. Tickets an Bord oder im Büro:
Strandstraße 3 | Tel. (0 39 91) 66 30 34 |
www.blau-weisse-flotte.de

Müritz-Nationalpark

Der ausgedehnte Nationalpark ist das grüne Herz der Müritzregion. Klare Seen, verträumte Dörfer und dichte Wälder prägen die Naturlandschaft. Ein Paradies für Wanderer, Radfahrer und Tierfreunde, die Adler und Kraniche hautnah erleben wollen.

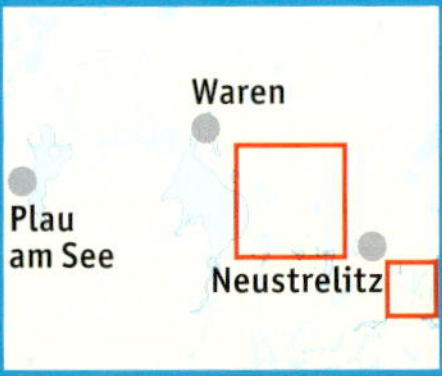

Geschichte des Nationalparks

Die Landschaft des Nationalparks wurde bereits vor 15 000 Jahren von der großen Eiszeit geprägt. Die Gletschermassen der nördlichen Endmoräne hinterließen nicht nur beeindruckende Findlinge und Geröll, sondern auch zahlreiche Toteislöcher, Rinnen und Kessel, die sich später mit Wasser füllten. Daraus entstand das wellige Land der *1 000 Seen*.

Ackerbauern und Viehzüchter rodeten den Wald, waren anschließend aber wenig erfolgreich. Im östlichen Teil bestand der Boden aus nährstoffarmem Sand, nahe der Müritz gab es zu viele Sümpfe. Im 19. Jahrhundert begann die umfangreiche Wiederaufforstung, meistens mit Kiefern.

Erste Schutzmaßnahmen

Vorreiter des Naturschutzes war Großherzog Georg von Mecklenburg, der nicht nur seiner Residenzstadt Neustrelitz einen Bauboom bescherte, sondern auch seine Wälder liebte. 1848 zäunte er zum Schutz vor Jagd- und Holzfrevel rund um Serrahn einen Bannwald ein. Die Buchenwälder, die heute zum Weltnaturerbe der UNESCO gehören, waren damals schon mehr als 200 Jahre alt.

Bereits 1949 war es dank Kurt Bartels gelungen, das Ostufer der Müritz unter strengen Naturschutz zu stellen, 1952 folgte dann das Naturschutzgebiet Serrahn. 1954 kam Kurt Kretschmann auf den Müritzhof, um eine „Zentrale Lehrstätte für Naturschutz" aufzubauen, zu dieser Zeit einmalig auf der Welt. Kretschmann gilt heute als Nestor des Ostdeutschen Naturschutzes. Er entwarf das inzwischen bundesweit gültige Naturschutzschild mit der Eule.

Die staatlichen Stellen der DDR unterstützten den Naturschutz nicht übermäßig, vor allem nicht finanziell. Die Arbeit wurde von vielen ehrenamtlichen Idealisten gemacht. Außerdem nutzte die Land- und Forstwirtschaft das Gebiet weiterhin, monotone Kiefernwälder entstanden und viele Sümpfe wurden trockengelegt. Ein Übriges tat die militärische Nutzung durch die Sowjetarmee im Osten des heutigen Nationalparks. Hier verbrannten und versandeten ganze Landstriche. Inzwischen holt sich die Natur das Land von allein zurück.

Dass wir uns heute an der schönen Natur erfreuen können, haben wir vor allem Prof. Michael Succow zu verdanken. Der Biologe und Agrarwissenschaftler wurde der letzte Minister für Natur und Umwelt der DDR. Auf der letzten Sitzung des Ministerrats im September 1990 verabschiedete er ein Nationalpark-Programm, welches 7 Prozent der DDR unter strengen Naturschutz stellte. In den Wendewirren wurde das zur einmaligen Chance für die Natur, aber auch für den Tourismus. Heute lehrt Michael Succow an der Universität Greifswald. Sein Spezialgebiet sind die Moore und so wundert es nicht, dass man im Specker Busch auf den Aussichtstürmen die fortschreitende Hochmoorsanierung sehen kann.

Orientierung

Der 320 Quadratkilometer große Müritz-Nationalpark besteht aus zwei Teilgebieten: Das **Teilgebiet Müritz** erstreckt sich von der Müritz bis kurz

◂ *Am südlichen Stadtrand von Waren liegt ein Eingang zum Müritz-Nationalpark*

Steckbrief: Müritz-Nationalpark

Gründung: 1. Oktober 1990
Fläche: 320 km^2
Ausdehnung: Teilgebiet 1 – Müritz (260 km^2) – von Waren bis Neustrelitz
Teilgebiet 2 – Serrahn (62 km^2) südöstlich von Neustrelitz bis zu den Feldberger Seen
Struktur: 107 Seen, 72 % Wald, davon 60 % Kiefern, Moore, Erlenbrüche, Bäche, Wiesen, Heide
Einwohner: 17 Ortschaften und Einzelgehöfte, 900 Einwohner
Weltnaturerbe: Seit 2011 gehören die Buchenwälder im Teilgebiet Serrahn zum UNSECO-Weltnaturerbe. Sie repräsentieren mit anderen „die wertvollsten Relikte großflächiger naturbelassener Buchenwälder in Deutschland".
Fauna: 800 Schmetterlings-, 43 Libellen-, 250 Vogel- und 54 Säugetierarten
Flora: 910 Pflanzenarten, 136 davon auf der Roten Liste, 133 Moose, 593 Pilzarten
Verwaltung: Nationalparkamt Müritz
Schlossplatz 3 | 17237 Hohenzieritz | www.mueritz-nationalpark.de

vor Neustrelitz. Hier befinden sich die meisten Infozentren, Aussichtspunkte und hier fährt auch der Nationalpark-Bus (▸ Seite 60).

Das wesentlich kleinere und weniger erschlossene **Teilgebiet Serrahn** (▸ Seite 61) zieht sich südöstlich von Neustrelitz bis zu den Feldberger Seen. Die Buchenwälder des Teilgebietes gehören zum Weltnaturerbe der UNESCO.

Beste Ausgangspunkte für Touren im Nationalpark (Teilgebiet Müritz) mit dem Nationalpark-Bus, zu Fuß oder dem Rad sind im Norden die Stadt Waren oder im Süden Rechlin, Bolter Kanal und Boek.

Nationalpark-Informationen

Im Nationalpark gibt es zahlreiche Aussichtstürme, Beobachtungsplattformen und Naturerlebnispfade sowie acht Informationszentren. Sie vermitteln Führungen mit Rangern, bieten Kartenmaterial und Souvenirs an. Außerdem gibt es interessante Ausstellungen und Wissenswertes über Flora und Fauna. Die Nationalpark-Informationen in **Federow** (bei Waren), **Schwarzenhof, Boek, Kratzeburg, Blankenförde, Neustrelitz** und **Serrahn** sind in der Regel von Ostern bis Oktober tgl. 10–17 Uhr geöffnet. Nähere Informationen zu den jeweiligen Orten findet man unter:
www.mueritz-nationalpark.de

Geführte Touren

Von April bis Oktober gibt es täglich begleitete Touren in den Müritz-Nationalpark, zum Beispiel:

Den Fischjägern auf der Spur

Nationalparkranger erklären die Jagdstrategien von Fisch- und Seeadler, Graureiher oder Kormoran. Start ist die Nationalparkinformation in Boek. Die Führung findet zweimal wöchentlich statt und ist wie alle Touren des Nationalparkamtes kostenfrei. Spenden sind aber willkommen. Weitere Führungen unter:
www.mueritz-nationalpark.de/erleben-und-erholen

Adlersafari
Eine der schönsten Touren startet an der Nationalparkinformation in Federow und führt 4,5 km mitten durch den Nationalpark. Schon im Vorfeld kann man per Kamera einem Fischadlerpaar ins Nest schauen, dann geht es zu den Lebensräumen von See- und Fischadler. Diese Tour wird im Sommerhalbjahr täglich durchgeführt, dauert ungefähr 3 Stunden und ist auf Wunsch auch barrierefrei. Erwachsene zahlen 9,50 Euro, Kinder zwischen 7 und 15 Jahren 5 Euro. Es lohnt sich! Der Nationalparkservice bietet eine Vielzahl von spannenden Exkursionen an:
www.nationalpark-service.de

★ Kranichführungen
Das Highlight im Herbst: Kranichbeobachtung. Einige Abschnitte des Nationalparks sind im Sep./Okt. gesperrt, wenn die Kraniche an der Müritz Station machen. Zum Rederangsee gibt es Führungen. Gedeckte Kleidung und Ferngläser werden empfohlen. Treffpunkt: Nationalpark-Information Federow und Schwarzenhof oder Abfahrt mit dem **Kranichticket** (▸ Seite 61) ab Waren/Steinmole.
Ende Aug.–Ende Okt. | Informationen auch unter www.nationalpark-service.de
(Mehr zum Kranich ▸ Seite 66)

Auf naturbelassenen Wegen durch den Müritz Nationalpark

Unterwegs im Nationalpark

Auto

Der größte Teil des Nationalparks ist für private PKWs gesperrt. Trotzdem kann man die Hauptorte mit dem Auto erreichen. Von Waren kommt man nach Federow, Schwarzenhof und Speck. Bolter Kanal, Boeker Mühle und Boek erreicht man über Rechlin. Im Osten sind die Orte Ankershagen, Kratzeburg und Granzin zu befahren.

Bahn

Der einzige Bahnhof direkt im Nationalpark ist Kratzeburg. Halt des RE auf der Strecke Neustrelitz–Waren.

Bus

Von April bis Anfang Oktober verkehrt stündlich der Nationalpark-Bus (▸ Nationalpark-Ticket).

Planwagen- und Kutschfahrten

Mit dem Kremser oder Planwagen auf 2 Routen durch die Müritzregion.

Zum Hofsee 12 | 17192 Kargow | Tel. (01 75) 5 30 08 35 | www.kutsche-strehse.de

Ausflugstickets für Bus & Schiff

Nationalpark-Ticket

Mit dem Ticket von Ende April bis Anfang Oktober unbeschwert mit Bus und Schiff den Müritz-Nationalpark entdecken. Zu- und Umstiege unbegrenzt, Fahrradmitnahme kostenlos.

Bus: Ab Steinmole Waren (Stadthafen), Waren-Sparkasse, Waren-Große Burgstraße über Federow, Schwarzenhof, Speck, Boek, Bolter Kanal bis Rechlin/Hafendorf und zurück.

Schiff: 1. Steinmole Waren–Klink–Röbel–Bolter Kanal–Rechlin, Hafendorf

2. Röbel–Bolter Kanal–Rechlin, Hafendorf

3. Malchow Hafen–Ferienresort Fleesensee (Untergöhren)–Steinmole Waren

Tagesticket: Erw. 9 € | Kombi-Ticket Bus & Schiff Erw. 18 €

3-Tages-Ticket: Erw. 20 € | Kombi-Ticket Bus & Schiff 39 €

7-Tages-Ticket: Erw. 36 € | Kombi-Ticket Bus & Schiff 58 €

Die Tickets gibt es direkt im Bus, auf

Vom Käflingsberg hat man eine atemberaubende Aussicht über den Nationalpark

Verhalten im Müritz-Nationalpark

Damit sich auch kommende Generationen an der Natur erfreuen können, wurden folgende Verhaltensregeln aufgestellt:

1. Wegegebot – nicht vom Wege abweichen, auch Wiesen und Weiden nicht betreten.
2. Autos nur auf ausgewiesenen Parkplätzen abstellen. Straßensperren einhalten.
3. Für Hunde besteht grundsätzlich Leinenzwang (auch weil Hunde für Adler Beute sind!).
4. Offenes Feuer ist untersagt wegen der Waldbrandgefahr. Kippen nicht achtlos wegwerfen.
5. Fangen und Töten von Tieren ist untersagt, außer Sie sind Gastjäger des Nationalparks!
6. Pilze und Beeren nicht in der Kernzone sammeln, Pflanzen grundsätzlich nicht entfernen.
7. Leise und rücksichtsvoll auf den Beobachtungsstellen sein.
8. Keinen Abfall zurücklassen. Einwegverpackungen meiden!
9. Campen und Zelten nur auf offiziellen Plätzen.

dem Schiff oder bei:

MVVG Waren | Strelitzer Straße 137 | Waren
Weisse Flotte Müritz | Steinmole | Waren
Am Hafen | Röbel

Weitere Infos unter: www.nationalparkticket.de

Kranichticket
Ende Aug.–Mitte Sep. ab 17.30 Uhr, Sep./Okt. früher – Sonderbus ab Steinmole bis Federow und Schwarzenhof zu geführten Kranichtouren.

via Tipp Aussichtstürme

Der größte Aussichtsturm ist der auf dem **Käflingsberg**, zwei Kilometer südlich von Speck. Am Hauptweg hält der Nationalpark-Bus, von dort sind es noch einmal 700 Meter leicht bergan. Der Turm ist 55 Meter hoch, die Aussichtsplattform befindet sich auf 31 Metern. Der Ausblick ist schwindelerregend schön, man kann fast über den gesamten Park und bis hin zur Müritz schauen.Zwei kleinere Türme, 10 bzw. 12 Meter hoch, stehen am Weg über dem Specker Horst zwischen Schwarzenhof und Boek.

Nationalpark-Ausstellung im Forsthaus Serrahn

Acht Kilometer östlich von Neustrelitz liegt das Forsthaus Serrahn im **Teilgebiet Serrahn** des Müritz-Nationalparks. Wer einen europäischen Urwald sehen will, für den ist Serrahn ein Muss. Seit 2011 sind die Buchenwälder in Serrahn UNESCO-Weltnaturerbe. Zum Forsthaus geht es nur zu Fuß oder mit dem Rad durch die romantische Waldlandschaft. Start ist in Zinow (an der B 198), die Route führt über einen gut ausgeschilderten **Wald-Erlebnis-Pfad.** Im Forsthaus erwartet die Besucher die multimediale Ausstellung *Im Reich der Buchen.*

Parkplatz in Zinow (an der B 198), 8 km östlich von Neustrelitz | Fußweg 5 km | Tel. (03 98 21) 4 15 00 | www.mueritz-nationalpark.de

Jagd im Müritz-Nationalpark

Der Serrahner Bannwald diente bis 1945 vornehmlich der privilegierten Jagd, doch auch am Ostufer der Müritz wurde gern gejagt.

1929 kaufte der Leipziger Großverleger und Preußische Staatsrat Dr. Herrmann das Rittergut Speck und machte daraus ein Jagdschloss. Außerdem gehörten ihm die Güter Federow und Schwarzenhof. 1931 kaufte er auch den Müritzhof. Dort hatte der Umweltpionier und spätere Museumsdirektor des Warener Naturkundemuseums, Karl Bartels, bereits eine Freivogelstation eingerichtet, die er nun wieder aufgeben musste. Der Großverleger zäunte ein 7000 Hektar großes Gebiet als Wildgatter ein und setzte dort exotische Tiere aus, vornehmlich um sie zu schießen. Da er befreundet war mit Reichsforstmeister Hermann Göring, war dieser auch häufig „Gastjäger" an der Müritz. Beide liebten die „Trophäenjagd". Diese traurige Tradition setzte die DDR fort, als sich der Vorsitzende des Staatsrates der DDR, Willi Stoph, 1969 ein Jagdhaus mitten ins Naturschutzgebiet bauen ließ. Dieses wurde 1992 jedoch wieder abgetragen. Man findet die Stelle heute noch zwischen Boeker Sender und Specker Horst anhand einiger Obstbäume.

Auch gegenwärtig gibt es Kontroversen, vor allem zwischen Waldverbiss und Tierschutz. 2012 geriet das Nationalparkamt in die Kritik, weil es Massenjagden mit mehr als 160 Teilnehmern zuließ. Seit Jahren gab es deutliche Überschreitungen bei den Abschusszahlen. 2013 beschloss das Umweltministerium daraufhin, nur noch 16 Jagden pro Jahr mit höchstens 50 Teilnehmern durchzuführen.

Orte im Nationalpark

In Federow, Schwarzenhof und Speck hält der Nationalpark-Bus.

Federow

Der erste Nationalparkort südlich von Waren, circa sieben Kilometer vom Zentrum entfernt. Hier befinden sich die Nationalpark-Information, eine Hörspielkirche sowie ein Spielplatz, Café, Imbiss, Hotel, Radverleih, Wohnmobilstellplatz und diverse gastronomische Angebote.

Nationalpark-Service
Modernes Informationsgebäude. Nationalpark-Ranger informieren und beraten. Der Fischadler-Livestream schaut einer Adlerfamilie direkt ins Nest. Ostern bis Sepember täglich Vorträge zum Thema Fischadler.
Damerower Straße 6 | 17192 Federow | Tel. (0 39 91) 66 88 49 | www.nationalpark-service.de

Hörspielkirche Federow
Feldsteinkirche aus dem 13. Jahrhundert, seit 2005 erste Hörspielkirche Deutschlands, Juni–Sep. ab

11 Uhr offene Kirche, Juli–Aug. tgl. 15.30 Uhr Kinderhörspiel, 16.30 Uhr und 18.30 Uhr Erwachsenenhörspiel, Mi 20 Uhr *Die Blaue Stunde – Krimi zur Nacht*, So Gottesdienst. Eintritt frei.
An der Brennerei | 17192 Kargow | Tel. (0 39 91) 63 57 23 | www.hoerspielkirche.de

Altes Gutshaus Federow
Solides 3-Sterne-Hotel, Restaurant, Café, Gartenrestaurant, schöner Park, dahinter liegt gleich der Hofsee mit Rundweg und Beobachtungsstand zum Sitzen, hier schaut der Fischadler regelmäßig vorbei. Neben dem Gutshaus steht links die verfallene Alte Schnapsfabrik, in der nun die Schwalben wohnen.
Am Park 1 | Tel. (0 39 91) 67 49 80 | www.gutshaus-federow.de | €€

Die bunte Kuh
Zwei Holländer bieten deutsche Hausmannskost und haben ein Herz für Gäste. Bauernhof mit Gastronomie mitten im Ort. Hier gibt es nichts, was es nicht gibt: lecker Frühstück für die ersten Vogelbeobachter, frische Milch von den eigenen Kühen, auch als Schoko- oder Anismilch, Soljanka und Veggiesuppen, Pfannkuchen, Brathering und Bockwurst. Ab 18 Uhr jeden Tag ein anderes Gericht.
Damerower Str. 8 | Tel. (0 39 91) 67 00 38 | www.diebuntekuh.com | Apr.–Nov.

Müritzhof
Historische Ziegelei, Vogelfreistätte, erste zentrale Lehrstätte für Naturschutz, jetzt Landschaftspflegehof inmitten des Nationalparks. 12 Kilometer von Waren-Zentrum entfernt, nur mit Rad oder zu Fuß zu erreichen (▸ Entdeckertour Seite 128). Er wird vom Lebenshilfswerk bewirtschaftet. Gotlandschafe, Fjällrinder und Shetlandponys halten die Flächen frei. Schöne Ausstellung zu den Anfängen des Nationalparks. Beliebtes

Der Müritzhof ist heute ein Landschaftspflegehof und beliebtes Ausflugsziel

Dorfkirche in Speck

Ausflugsziel mit Gaststätte *Papillon* auf einem Hügel. Schöner Garten mit weitem Ausblick. Selbst gebackener Kuchen, Eis. Führungen in die Wachholderheide Mai–Sep. Di 11 Uhr ab Hof, Gaststätte geöffnet Ostern–Okt.
Müritzhof 2 | Tel. (0 39 91) 61 15 40 | www.müritzhof.de

Schwarzenhof

Kleines Gutsdorf 3,6 Kilometer südlich von **Federow.** Nationalpark-Information mit Ausstellung, Kranichführung im Herbst, Hotel, Imbiss, Weg zum Rederangsee, Aussichtsplattform.

Nationalparkhotel Kranichrast
Ausgezeichneter Ausgangspunkt für Radler und Wanderer. Freundliches, familiär geführtes 3-Sterne-Haus mit Sauna, Kegelbahn, Terrasse und Restaurant mit Biergarten, regionale Gerichte, Räucherofen, Fahrradverleih. Kranichführungen zum Reederangsee. Noch näher sind die Fischadler, sie brüten auf den Hochspannungsmasten 100 Meter hinterm Haus.
Dorfstraße 15 | 17192 Schwarzenhof | Tel. (0 39 91) 6 72 60 | www.nationalpark-hotel-kranichrast.de | €€

Speck

Vier Kilometer südlich von Schwarzenhof. Einst ein aufstrebendes Rittergut mit Schmiede, Dampfsägerei, Pachtfischerei, Teerofen, Dorfkrug und Schule. Als die Eisenbahn Ende des 19. Jahrhunderts nach Waren kam, geriet Speck in Vergessenheit. Geblieben war das Gut, später Jagdschloss.

Seeadler kann man – mit Glück – am **Hofsee** sehen, nordöstliche Seite, etwa einen Kilometer vor Speck ist die Beobachtungsplattform.

Dorfkirche Speck
1876/77 erbaut mit gelbem und rotem Backstein, leuchtet sehr schön in der Sonne. Rautenförmige, bunte Glasfenster in den Landesfarben Mecklenburgs, Glocke von 1863. Mai–Sep. tgl. 10–20 Uhr geöffnet, Sa 16 Uhr Konzerte.
www.stmarien.de

Jagdschloss Speck
Ehemaliges Gutshaus neben der Kirche. Der Turm ist von 1914, das Fundament von 1921. Die heutige Form stammt von 1937 im „Blut und Boden"-Stil. Der Großverleger Dr. Herrmann ließ es als Jagdschloss bauen. 1945 enteignet und zunächst Erholungsheim des Ministeriums des Innern, der Deutschen Grenzpolizei, dann unter der NVA als Offizierserholungsheim. Nach der Wende war das Gelände kurze Zeit begehbar, jetzt ist es verkauft und verfällt.

Alte Schmiede
Ostern–Sep. Imbiss und Information in der Dorfmitte auf dem Weg.

Havelquellgebiet

Das Havelquellgebiet gehört zum Müritz-Nationalpark und erstreckt sich von Ankershagen über Kratzeburg und Granzin bis nach Babke und Blankenförde.

Wo die eigentliche Quelle des Flusses liegt, darüber streiten sich die Wissenschaftler. Es gibt zwei Orte, die in Frage kommen, beide haben einen Quellstein. 2004 wurde der Abfluss aus dem Großen Säfkowsee in der Nähe von Blankenfelde als Quellgebiet mit dem Havelbach fixiert. 2010 legten Wissenschaftler der Uni Greifswald den Diekenbruch, südlich des Mühlensees bei Ankershagen, als die Quelle fest. Exakt kann man eine Ursprungsquelle hier nicht mehr lokalisieren, weil der Mensch schon seit mehr als 1 000 Jahren durch Dämme und Kanäle in die Flussläufe eingriff, so auch am Mühlensee.

Die Havel fließt als friedliches Flüsschen durch zwölf Seen, ehe sie hinter Wesenberg an Kraft gewinnt und erst in Potsdam oder Berlin ein gefährlicher Fluss wird. Insgesamt ist sie 343 Kilometer lang.

Kratzeburg

Die Gemeinde mit rund 500 Einwohnern und fünf Ortsteilen liegt im Quellgebiet der Havel und hat den einzigen Bahnhof direkt am Müritz-Nationalpark. Züge fahren nach Waren und Neustrelitz. Sehr schöner Ausgangspunkt für Rad- und Kanutouren.

Nationalpark-Information Flatterhus

Nationalparkauskünfte, Wegbeschreibung zur Havelquelle sowie Wissenswertes über die Fledermaus im Mitmachmuseum. Einmal im Jahr findet die Fledermausnacht mit Stockbrotgrillen und Lagerfeuer statt.

Dorfstraße 31 | 17237 Kratzeburg | Tel. (03 98 22) 2 96 65 | www.mueritz-nationalpark.de | Mai–Okt. tgl. 10–17 Uhr

Kaum zu glauben: An dieser unscheinbaren Stelle entspringt die Havel

Der Kranich – Vogel des Glücks

Im Spätsommer bis Oktober beginnt im Müritz-Nationalpark ein herrliches Naturschauspiel: Tausende Kraniche sammeln sich an den Ufern der Seen, um vor ihrem Weiterflug in die Winterquartiere nach Spanien, Frankreich oder Nordafrika noch einmal auszuruhen. Am Tag kann man sie auf den Feldern ringsum sehen, wo sie sich bis zum Abend satt fressen.

Wenn es dunkel wird, fliegen die Kraniche ihre Schlafplätze an. In wunderschönen Formationen treffen sie an den Rastplätzen ein. Die Luft ist erfüllt von ihrem „Kruekruekrue", dem Kranichruf. Nachts stehen sie dicht an dicht im knietiefen Wasser, so sind sie geschützt vor Feinden.

Im Frühjahr kann man „die Vögel des Glücks" auch bei ihrem Hochzeitstanz beobachten, denn mehr als 50 Paare brüten in den Erlenbrüchen und Mooren des Nationalparks. Doch im Herbst sind auch die heimischen Kraniche mitten drin im großen Theater.

Lütte Meierie
Engagierte, naturnah geführte Milchviehwirtschaft mit Hofladen. Es gibt Eis, Käse, Kaffee, Kuchen.
Dorfstraße 5 | Kratzeburg | Tel. (03 98 22) 20 20 | www.luette-meierie.de

Kanu-Hecht
Einheimisches Familienunternehmen am Westufer des **Käbelicksees,** 1 km vom Bahnhof Kratzeburg. Geführte Touren und Verleih von Kanu, Kajak, Ruderboot, Stand-up-Boards. Imbiss *R´Adler-Rast*. Unterkunft im Zelt, Riesenweinfass, Wohnwagen, Garten- oder Ferienhaus. Jeden Mittwoch ist „Spinntag": Frauen aus der Umgebung spinnen Schaf- und Alpakawolle aus eigener Tierhaltung.
Dalmsdorf 6 | Tel. (03 98 22) 1 79 83 | www.kanu-hecht.de

Campingplatz Naturfreund
Traumhafte Lage, 2 km vom Bahnhof, direkt am **Käbelicksee.** Romantisch und naturnah, Badestrand mit Steg, Badebuchten, freie Platzwahl für Zelte und Wohnwagen, Imbiss, Wasserwanderwiese, Wohnwagen-, Kajak- & Bootsverleih, Tischtennis.
Ostern–Okt. | Tel. (03 98 22) 2 02 85 | www.campingplatz-naturfreund.de

Glasmanufaktur Dalmsdorf
Laden, Café und Biergarten. Glas kann gezogen, gekrümelt oder gekräuselt werden – die Glaskünstlerin Bettina Paesler gibt auch Fusing-Kurse. Wer Mut hat, geht auf dem Glasbarfußpfad.
Dalmsdorf 1 | Tel. (03 98 22) 29 60 57 | www.glasmanufaktur-dalmsdorf.de

Granzin

Das hübsche Rundlingsdorf liegt inmitten des Müritz-Nationalparks am **Granziner See.** Weder Massentourismus noch Motorboote stören hier. Vor Ort gibt es Ferienwohnungen, eine Gaststätte, eine Töpferei sowie Rad- und Bootsausleihe. Schöne Kanutouren führen von hier auf der noch jungen **Havel** von See zu See.

Töpferhof Steuer

Töpferei, Galerie, im Sommer Töpferkurse für Jung und Alt unter fachkundiger Anleitung. Ferienwohnungen, Kanuverleih und Café mit ofenfrischem Kuchen und einheimischen Produkten. Direkt am Granziner See.

Granzin 4 | 17237 Kratzeburg (Granzin) | Tel. (03 98 22) 2 02 42 | www.toepferhof-steuer.de | Mai–Okt. tgl. 9–18 Uhr

Havelkrug Granzin

An der Havel zwischen Granziner See und Schulzensee. Der Name täuscht ein bisschen, denn hier kocht ein deutscher Szeneitaliener mit frischen Produkten Pizza und Pasta. Sehr kinderfreundlicher Laden, alles lecker, lebendig, eigener Kanuanleger und Sonnenterrasse.

Granzin 1 | 17237 Kratzeburg (Granzin) | Tel. (03 98 22) 2 02 32 | Okt.–März Do–So, Apr.–Sep. Do–Mo 12–22 Uhr

Kanuverleih Kormoran-Kanutouring

Kanu- und Fahrradverleih, geführte Touren. Umweltbonus bei der Ausleihe für Menschen, die mit öffentlichen Verkehrsmitteln anreisen. Bus bis Granzin II (www.mvvg-bus.de) oder Abholung vom Bahnhof Kratzeburg.

An der Havelbrücke Granzin | Tel. (03 98 22) 2 98 88 | www.kormoran-kanutouring.de

Ankershagen

Ein unscheinbares Dorf mit sanierungsbedürftigem Schloss, wären da nicht 300 Meter weiter die schöne Feldsteinkirche und das alte Pfarrhaus mit dem Schliemann-Museum. Vorbei an der MTS-Siedlung (Maschinen-Traktoren-Station) geht es nach **Friedrichsfelde** zum sanierten Gutshaus Friedrichsfelde.

Heinrich-Schliemann-Museum

Gedenk- und Forschungsstelle im Elternhaus des Archäologen. Das Museum informiert über sein Leben und zeigt auch Fundstücke aus seinen Troja-Grabungen und Nachbildungen aus dem *Schatz des Priamos*. Vor dem Haus steht die Nachbildung eines Trojanischen Pferdes mit Rutsche. Schliemann-Wanderweg vom Vorgarten bis zum 300 Meter entfernten Friedrichsfelder Gutshaus.

Lindenallee 1 | 17219 Ankershagen | Tel. (03 99 21) 32 52 | www.schliemann-museum.de | Apr.–Okt. Di–So 10–17 Uhr, Nov.–März Di–Fr 10–16, Sa 13–16 Uhr

Die Havelquelle

Die Quelle liegt am Südzipfel des Mühlensees. Von Ankershagen (am verfallenen Schloss) die Mühlenstraße entlang, dem Mühlenbach folgen, nach ca. 1 km überqueren. Bei der Wegkreuzung geradeaus, nach 1 km liegt der See rechts im Wald.

www.havelquellseen.de

Café Zum Storchennest

Im Gutshaus Friedrichsfelde, mit Beobachtungsstelle für Störche und Informationsstelle Nationalpark. Mit Fahrradausleihe, Wanderkarten und Grillplatz im Park.

Am Nationalpark 10 | Tel. (03 99 21) 3 50 46 | www.ankershagen.de | Infocenter Mai–Okt. tgl. 9–17 Uhr, Café tgl. 10–20 Uhr

Rund um die Müritz

Größter Ort am Westufer der Müritz ist Röbel. Frisch sanierte Fachwerkhäuser lassen das Städtchen heute glänzen. Etwas unscheinbarer sind die Dörfer am südlichen Müritzufer. Dafür finden sich in Lärz und Rechlin die Spuren spannender Militärgeschichte.

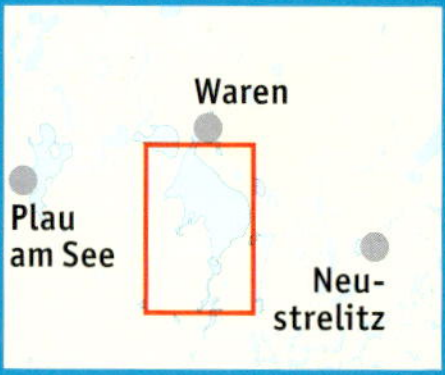

Orte südlich des Nationalparks

Zwischen Nationalpark und Rechlin liegen unweit der Müritz Boek und Boeker Mühle.

Boek (Müritz)

Kleines Dorf am südlichen Eingang des Müritz-Nationalparks, das bis 1990 militärisches Sperrgebiet war. In Boek hält der Nationalpark-Bus, es gibt eine Kirche, das Gutshaus, Hotels, Campingplatz, Badestellen mit feinem Sandstrand, Restaurants und Kiosk sowie Surf- und Kanuausleihe.

Kirche St. Johannis

Schon im 13. Jahrhundert wurde eine Kirche erwähnt, die aber mehrfach niederbrannte. Der Neubau wurde 1842 von Klosterhauptmann Le Fort in Auftrag gegeben und 1847 eingeweiht. Der neugotische Backsteinbau ist mit Bleiglasfenstern und Wilhelm-Sauer-Orgel ausgestattet.

Hotel Müritz Park

Hotelanlage mit vier unterschiedlichen Häusern. *Residenz am Ostufer* mit Reet gedeckt und im modernen Landhausstil, die anderen Häuser eher schlicht, farbig und mediterran. Sauna, Shiatsu, Fastenwandern. Badebucht ca. 500 m entfernt. Restaurant: frisch und regional.
Boeker Straße 3 | Tel. (03 98 23) 27 00 | www.hotel-mueritz-park.de oder www.residenz-am-ostufer.de | €€

Pension Jägerrast

Preiswerte, liebevoll geführte Pension mit Frühstück. Einzel-, Zweibett- und Familienzimmer, Fahrradverleih für Hausgäste, Führungen in den Nationalpark. Organisiert werden Kanuverleih, Nordic Walking Touren und vieles mehr, sehr ruhig und schön gelegen am südlichen Eingang des Nationalparks.
Boeker Straße 22 | 17248 Boek (Müritz) | Tel. (03 98 23) 2 15 5 oder (01 73) 4 31 62 71 | www.jaegerrast.jimdo.com

Campingplatz Boek C16

Direkt an der Müritz, zwischen Boek und Boeker Sender. Wohnmobilvermietung, eigener Badestrand, Surf- und Kanubasis *Surf-Hecht*: Bungalows, Ferienhaus, Surfkurse, Stand-up-Board- und Kanuverleih.
Dorfstraße | Tel. (03 98 23) 2 18 07 | www.campingplatz-boek.de

Boeker Mühle

Dieser Ortsteil liegt am **Bolter Kanal,** der von der Müritz Richtung Woterfitzsee und weiter bis nach Mirow führt (▸ Seite 107), weshalb hier auch reger Kanuverkehr herrscht. Vor Ort gibt es Campingplätze, Feriendörfer, Hotels, Restaurants sowie die Fischer-Rotunde der Müritzfischer mit Teichlandschaft und drei Kanustationen.

Hotel Bolter Mühle

Apr.–Okt., ruhige Lage, direkt an der Bolter Schleuse, zur Müritz 15 Minuten, neu sanierte Fachwerkmühle, Restaurant, Café, Biergarten, Küche: jung, regional, frisch. Kanuausleihe nebenan bei *Müritz Kanu*.
Bolter Schleuse 1 | Tel. (03 98 23) 27 04 00 | www.boltermuehle.de | €€

◂ *Die reetgedeckten kleinen Bootshäuser prägen das Bild der Müritz bei Röbel. Dahinter liegt der Hafen*

Macht seinem Namen alle Ehre: das Feriendorf Müritzparadies

Müritzparadies
Zum Müritzparadies gehört der Naturcampingplatz *Bolter Kanal* sowie zwei kleine, schön gelegene Naturferiendörfer: *Müritzufer,* direkt an der Müritz mit eigenem Badestrand und *Alte Fahrt,* 2 km östlich am Bolter Kanal. Ferienhäuser und -wohnungen im skandinavischen Stil, Minimarkt, Fahrradverleih, Sauna, Restaurant *Zum Seeadler* (Apr.–Okt.) mit Kaminzimmer, Seeterrasse und frischer, regionaler Küche.
www.mueritz.com

Campingplatz Bolter Ufer C15
Zeltplatz im Kiefernwald, direkt an der Müritz, schöner Sandstrand, Flachwasser, ideal für Surfer, neben Stellplätzen für Zelte, Caravans und Wohnmobile auch Ferienhäuser, Minimarkt, Restaurant und gleich daneben die *Surfmühle.*
Am Müritzufer 3 | Tel. (03 98 23) 2 12 11 | www.camping-bolter-ufer.de

Fischer-Rotunde an den Boeker Fischteichen
Besuchermagnet zwischen Müritz und Woterfitzsee. Restaurant mit Fischspezialitäten aus Topf, Pfanne und Räucherofen. Fischlehrpfad, Angeln, Schauabfischen im Herbst. Die Teichlandschaft lockt jede Menge Vögel an, u. a. Fisch- und Seeadler.
Boeker Mühle 4 | Tel. (03 98 23) 2 77 54 | www.mueritzfischer.de | Juli–Mitte Sep. 8–20 Uhr, Mitte Sep.–Okt. sowie Anfang Apr.–Juni 10–16 Uhr

Katamaran- und Surfmühle
Sympathisches, professionelles Familienunternehmen mit allem, was der Wassersportler begehrt: Kurse und Verleih von Katamaranen, Segelbooten und -jachten, Windsurfing-Ausrüstung, Stand-Up-Paddeln, Paddel- und Ruderbooten, Kanadiern.
Am Müritzufer 2a | Tel. (03 98 23) 2 13 80 | www.surfmuehle.de

Rechlin

Ein zersplitterter Ort im Wandel: Aus dem ehemaligen Industrie- und Militärstandort soll ein Ferienparadies werden. Doch der Weg ist noch weit.

Rechlin ist dreigeteilt in Hafendorf, Rechlin-Nord (beide an der südöstlichen Müritz) und Rechlin an der Kleinen Müritz. Nach dem Abriss der VEB-Schiffswerft ist auf dem Gelände ein Hafendorf entstanden mit rund 100 Ferienhäusern und 20 Mehrgeschossern mit Appartements.

Das alte Dorf Rechlin wurde 1374 erstmals erwähnt und befand sich am Standort des heutigen Luftfahrttechnischen Museums. Ab 1916 gab es dort die Lehr- und Prüfanstalt für Flugzeuge, im Dritten Reich dann Erprobungsstelle der Deutschen Luftwaffe, wo auch Zwangsarbeiter aus den KZs Oranienburg und Ravensbrück arbeiten mussten. Bis zu 1 500 Männer bauten den dazugehörigen Flugplatz in Lärz, circa 3 000 weibliche Häftlinge arbeiteten in der Kriegsproduktion. 1945 befreite die Rote Armee die Gefangenen. Rechlin-Nord wurde vollständig geräumt und war bis 1993 Garnisonsstadt.

1948 gründete man eine Schiffswerft, in der bis zu 1 100 Menschen arbeiteten. Nach der Wende wurde sie durch Fehlverkauf in den Ruin getrieben. Mutige Pioniere wie Harald Kuhnle, ein Maschineningenieur aus Stuttgart, ließen sich schließlich hier nieder. Er baute eine Werft für Hausboote und investierte in das Hafendorf. Auch die kleine Manufaktur *Woterfitz* zeigt, dass Bootsbau weiter zu Rechlin gehört.

Sehenswertes

Luftfahrttechnisches Museum

In Rechlin-Nord in der ehemaligen Erprobungsstelle der deutschen Luftwaffe. Seltene Exponate von den Anfängen der Fliegerei 1914, über das Dritte Reich, von der Roten Armee bis zur NVA, außerdem Rechliner Werft-

Das Luftfahrttechnische Museum in Rechlin-Nord

geschichte. Freigelände mit Flugzeugen, Hubschraubern, Booten, Imbiss *Tante Ju* (▸ Essen & Trinken).
Am Claassee 1 | Tel. (03 98 23) 2 04 24 | www.luftfahrttechnisches-museum-rechlin.de | Feb.–März Mo–Do 10–16, Fr 10–15 Uhr, Apr.–Okt. tgl. 10–17 Uhr

Baden

„Mili“ liegt südlich von Rechlin-Nord am Ende der Bissendorfer Straße. Anfangs flach, ideal für Kinder.

Im **Strandbad im Hafendorf Müritz** warten ein großer Sandstrand, Volleyball, Hafenbistro, Bootsausleihe.

Verbindungen

Bus

Regionalbus: Verbindungen nach Röbel, Waren, Neubrandenburg und Mirow.
www.mvvg-bus.de

Nationalpark-Bus: Ostern bis Anfang Oktober.
www.nationalparkticket.de

Information

Touristinfo im Haus des Gastes
Zimmervermittlung, Ticketverkauf, Angelkarten, Tankstelle für E-Bikes.
Müritzstraße 51 | Tel. (03 98 23) 2 12 61 | www.mueritzferien-rechlin.de oder www.suedmueritz.de

Übernachten

Ferienzentrum Yachthafen Rechlin
An der Kleinen Müritz in Rechlin, Ferienwohnungen, Hotelzimmer, Bootscharter, Fahrradverleih, Restaurant *Spinnacker:* frische Mecklenburger Küche, leckere Fischgerichte.
Fritz-Reuter-Straße 53 | Tel. (03 98 23) 2 05 20 | www.yachthafen-rechlin.de | €€

Hafendorf Müritz
Große Ferienanlage mit Ferienhäusern und Appartements, dazu gehört die Marina Müritz: Jachthafen am Claassee, Surf-, Segelschule, Dampferanleger.
Tel. (03 98 23) 26 60 | www.hafendorf-mueritz.de | €€€

Essen & Trinken

Hafengaststätte Möwennest
Auf dem Gelände des Seglervereins, heimische Mecklenburger Küche.
Fritz-Reuter-Straße 51 | Tel. (03 98 23) 27 99 16 | Mai–Okt. tgl. 11–22 Uhr

Hafen-Bistro Tante Ju
Schnitzel, Backfisch, hausgemachte Kuchen. Schöne Terrasse.
Am Claasen 1 | Tel. (03 98 23) 22 61 15 | Tgl. 12–18 Uhr

Steakhouse Flambiata
Zentral in Rechlin, Pizza, Pasta und Fleischspezialitäten von *Block House*.
Käthe-Kollwitz-Straße 15a | Tel. (03 98 23) 2 79 31 | www.flambiata-rechlin.de | Apr.–Okt. tgl. 11.30–23 Uhr

Captain's Inn im Hafendorf
Maritime, moderne Hafenkneipe. Mediterrane Küche, Kuchen, Eis.
Tel. (03 98 23) 2 66 36 | www.captains-inn.de | Apr.–Okt.

Aktivitäten

Bootscharter Kuhnle Tours
Komfortable Hausboote.
Hafendorf Müritz | Tel. (03 98 23) 26 60 | www.kuhnle-tours.de

Schiffsausflüge

Abfahrt Hafendorf Müritz nach Boek, Waren oder Röbel, Tickets auf den Booten oder in der Touristinfo.

Weisse Flotte
Tel. (0 39 91) 12 26 68 | www.weisse-flotte-mueritz.de

Blau-Weisse Flotte
Tel. (0 39 91) 66 30 34 | www.blau-weisse-flotte.de

Der Fischerhof Vipperow bietet im Sommer täglich seinen frischen Fang an

Rund um Rechlin

Westlich von Rechlin liegt das Dorf Vipperow an der Kleinen Müritz. Südöstlich lohnt ein Besuch auf dem Flugplatz Lärz, wo sich das Luftfahrtmuseum befindet und wo in den kommenden Jahren ein Fliegerdorf entstehen soll.

Vipperow

Der kleine Ort ist sogar älter als Waren oder Röbel, wovon die Reste eines Burgwalls künden. Doch heute fährt man eigentlich nur vorbei, nicht ahnend, dass hier im Pfarrhaus das erste mobile Friedensseminar der DDR stattfand. Organisiert wurde es vom letzten Außenminister der DDR, Markus Meckel, als dieser hier noch Pfarrer war. Daneben steht die alte Feldsteinkirche aus dem 14. Jahrhundert.

Übernachten & Essen

Fischerhof Vipperow
Empfehlenswerter kleiner Fischimbiss mit gemütlichen Bänken im Freien direkt am Ufer der Kleinen Müritz. Zum Fischerhof gehören auch zwei Ferienwohnungen, ein Schiffsanleger und eine Bootsvermietung.
Mirower Straße 11 | 17209 Vipperow |
Tel. (03 99 23) 25 34 |
www.mueritzfischer.de |
Nov.–Anfang Apr. Fr 10–16 Uhr, Anfang Apr.–Juni, Mitte Sep.–Okt. tgl. 10–16 Uhr, Juli–Mitte Sep. tgl. 10–18 Uhr

Wiepeldorn Restaurant & Café
Jung und modern, schönes Ambiente, saisonale, mediterrane und leichte Küche, sehr zu empfehlen.
Mirower Straße 1b |
Tel. (03 99 23) 71 80 23 |
www.wiepeldorn.de |
Mi–Mo 11.30–21 Uhr

Boeing Stearman bei einem Flugplatzfest

Lärz

Das Dorf Lärz, südlich von Rechlin, ist eher unscheinbar, bekannter ist der Flugplatz, heute *Müritz Airpark*. Hier wurde das erste Stahlflugzeug der Welt erprobt, die *Heinkel He 178*. 1944/45 kam es zu schweren Bombenangriffen, allein im April 1945 wurden 105 US-Bomben abgeworfen. Im Mai 1945 übernahm die Rote Armee den Flugplatz, bis zu 2000 Soldaten waren im Jagdbomber- und Hubschraubergeschwader stationiert. 1993 zogen die GUS-Streitkräfte ab, Lärz wurde Privatflugplatz.

Müritz Airpark

Der südliche Teil des Flugplatzes ist heute *Müritz Airpark*, wo zu jeder Zeit kleinere Flugzeuge starten und landen können. Er soll zum Fliegerdorf ausgebaut werden mit Wohn- und Ferienhäusern, Flugzeugstellplätzen, Marina und 18-Loch-Golfplatz.

www.mueritz-airpark.de

Luftfahrtmuseum Rechlin-Lärz

Ebenfalls auf dem Gelände des Airparks befindet sich das private Luftfahrtmuseum Rechlin-Lärz mit Ausstellungen über die Erprobungsstelle Rechlin, Fallschirm- und Flugsicherheitstechnik sowie russische Flugtechnik. Verschiedene historische Flugzeuge sind zu sehen.

Flugplatz Südeingang, von dort ca. 300 m | Kontakt über den Airpark | Ostern–Anfang Okt. 10–16 Uhr

Fusion Festival

Auf dem nördlichen Gelände des Flugplatzes, das dem Verein *Kulturkosmos Müritzsee e. V.* gehört, fand viele Jahre Ende Juni das *Fusion Festival* statt, eines der größten deutschen Festivals für elektronische Musik. Ob und in welcher Form das Festival ab 2018 wieder stattfinden wird, ist derzeit noch ungewiss.

Flugplatz Nordeingang | Tel. (0 39 83) 32 06 23 | www.kulturkosmos.de

Röbel

Das bunte Ackerbürgerstädtchen am südwestlichen Zipfel der Müritz hat zwei große Kirchen, einen schönen Hafen und viele Boots- und Fachwerkhäuser.

„Nehmt's mir nicht öbel, ik kom ut Röbel!" Diesen Spruch kennt an der Müritz jedes Kind. Vielleicht rührt er daher, weil es in Röbel lange Zeit bäuerlicher zuging als in anderen Kleinstädten. Hier wurden die Kühe, Schweine und Hühner noch durch die Straßen getrieben, als woanders bereits die Kurgäste flanierten.

Längst aber ist man in Röbel über diesen vermeintlichen Makel erhaben. Im Gegenteil: Röbel hat sich mächtig herausgeputzt und zeigt jetzt ganz viel Farbe. Besonders reizvoll sind die sorgfältig sanierten Fachwerkhäuschen. Schön sitzt es sich am Hafen oder auf den vielen kleinen Gasthausterrassen mit Blick auf die hier typischen Bootshäuser.

Steckbrief: Röbel

Offizieller Name: Staatlich anerkannter Erholungsort Röbel/Müritz
Gründung: 1226
Verwaltung: Kleinstadt im Landkreis Mecklenburgische Seenplatte
Einwohner: 5 129 (Dez. 2015)
PLZ: 17207
Vorwahl: 03 99 31
Fläche: 30,17 km²
Geografische Lage: Am Binnensee, südwestlicher Ausläufer der Müritz
Wirtschaft: Nahrungsgüterwirtschaft, Landwirtschaft, Tourismus, *Optimal Media GmbH*

Doppelstadt Röbel

Röbel war ursprünglich eine Doppelstadt, was man heute noch an den zwei großen Kirchen sieht. Bereits im 10. Jahrhundert wurde „Robole", das Dorf der Morizaner am Fuße einer Burg, erwähnt. 1226 erhielt es das Schweriner Stadtrecht. Die Bewohner waren vor allem Fischer und Bauern. Gleichzeitig holten die Fürsten deutsche Siedler an die Müritz. Sie bekamen Landgüter als Lehen und gründeten die ersten Ackerbürgerstädtchen, so auch „Nova Civitas Robole", Neu-Röbel, was 1261 das Stadtrecht erhielt.

Mehr als 500 Jahre lagen Alt- und Neu-Röbel im Rechtsstreit. Die Alt-Röbeler wurden wirtschaftlich und sozial diskriminiert. Erst 1919 erhielten sie das allgemeine Einwohnerwahlrecht. Bis dahin galt das an den Besitz gebundene Exklusivwahlrecht, was zur Folge hatte, dass die besser gestellten Neustädter immer die Hoheit im Stadtrat hatten.

Trotz einiger Stadtbrände blieb Röbel jedoch nahezu unversehrt, so kann man sich heute an den schönen Fachwerkhäusern aus dem 18. und 19. Jahrhundert erfreuen. 1840 wurde der Stadthafen angelegt und 1899 erhielt Röbel einen Bahnanschluss, der einen erfreulichen Wirtschaftsaufschwung zur Folge hatte. Heute hat Röbel zwar noch einen Bahnhof, aber keinen Bahnanschluss mehr.

Zur DDR-Zeit war Röbel eine Kreisstadt. Man lebte vom Handwerk, der Fischerei oder von der Landwirtschaft, aber auch schon vom Tourismus, besonders vom Wassersport. Hauptarbeitgeber ist heute die *Optimal Media GmbH* mit rund 600 Beschäftigten. In der Multimediafir-

Der Künstler Werner Schinko gestaltete dieses Wandbild in Röbel

ma werden Bildbände gedruckt, aber auch CDs und Schallplatten gebrannt. 2016 wurde sie mit dem *Scheufelen Award - Kunstdrucker des Jahres* ausgezeichnet.

Sehenswertes

St. Marien Kirche

Die evangelische Pfarrkirche ist einer der ältesten Backsteinbauten in Mecklenburg-Vorpommern. Sie wurde 1227 geweiht und war die Kirche der fürstlichen Familie und der Bewohner Alt-Röbels. 1849–1851 erfolgte eine umfassende Restaurierung. Den 50 Meter hohen Kirchturm kann man besteigen. Der Mut wird mit einem fantastischen Blick auf die Müritz belohnt.

Straße der Deutschen Einheit |
Offene Kirche: Juni–Okt. 10–16 Uhr

St. Nicolai

Die Kirche der Neustadt wurde 1261 gebaut, als neues Zentrum mit dem Marktplatz und dem Rathaus, und 1275 geweiht. Der massige Kirchturm diente im Mittelalter gleichzeitig als Wehr- und Wachturm.

Predigerstraße 13 |
Offene Kirche: Juni–Sep. 10.30–18 Uhr

ENGELscher HOF und Synagoge

In Deutschland gibt es nur noch wenige Fachwerksynagogen. Der Verein *Land und Leute* hat dieses Haus direkt an der Stadtmauer mit großer Sorgfalt saniert. Es beherbergt eine Dauerausstellung zur regionalen, jüdischen Geschichte. Das Gebäudeensemble daneben, nach der jüdischen Familie Engel benannt, ist eine Bildungsstätte mit regelmäßigen Veranstaltungen, einem Kulturcafé für Jugendliche und Übernachtungsmöglichkeiten für Gruppen.

Kleine Stavenstraße 9–11 |
Tel. (03 99 31) 5 39 44 |
www.engelscherhof.de

Windmühle in Röbel

Auf dem ehemaligen Burgberg, auf dem einst das Wendenschloss stand, wurde nach dessen Abriss um 1466 die „Windmühle auf der alten Stadt" errichtet. Aus dem Burgberg wurde der Mühlenberg. Mitte des 19. Jahrhunderts wurde die Bockwindmühle durch einen Galerie-Holländer ersetzt. Noch bis 1926 wurde dort gemahlen. Von 1930 bis 1990 war er eine Jugendherberge, dann folgten 15 Jahre Leerstand. 2006 wurde er saniert und an den ehrenamtlichen Verein *Müritz-Elde* dauerhaft verpachtet. Ausstellungen und Führungen werden durch Spenden finanziert.

Am Mühlenberg 4 | Mai–Okt., je nach Verfügbarkeit von Freiwilligen, genaue Zeiten bei der Touristinformation erfragen

Der Große Schwerin

Die nordöstlich von Röbel gelegene Halbinsel stand schon 1930 unter Naturschutz und ist Brutgebiet für viele seltene Vögel wie Kranich, Rohrdommel, Bekassine oder Eisvogel. Auch Adler kann man auf Nahrungssuche beobachten. Im Herbst sind viele Durchzügler zu Gast, vor allem Graugänse. Etwas Besonderes sind die mehr als 30000 Orchideen an den Uferbereichen. Die Halbinsel kann man nur von Juli bis Dezember über das Dorf Gneve betreten.

Baden drinnen & draußen

Freibad MüritzBad

Zwei Kilometer nördlich vom Stadtzentrum, Sandstrand und Liegewiese, Imbiss, rundherum einige Restaurants. Gemeinsam mit der Müritz-Therme verwaltet.

Seebadstraße 1 | Hauptsaison tgl. 10–20, Nebensaison tgl. 10–18 Uhr

Müritz-Therme

Am südlichen Stadtrand, Neu-Röbel, Wasserrutsche, Strömungskanal, Sprudelliegen, Kinderbecken, Sauna, Massagen, Kegelbahn, Bistro.

Am Gotthunskamp 14 | Tel. (03 99 31) 8 78 19 | www.mueritztherme.de

Am Hafen von Röbel kann man herrlich schlendern

Information

Touristinformation Röbel
Im Haus des Gastes.
Straße der Deutschen Einheit 7 | 17207 Röbel | Tel. (03 99 31) 8 01 13 | www.stadt-roebel.de

Stadtführungen in Röbel
Treffpunkt an der Windmühle, Juni–Aug. Mo 18 Uhr, Geschichten aus dem Ackerbürgerstädtchen – unterhaltsamer Spaziergang durch die bunte Stadt am Kleinen Meer.

Ibena Müritz & Natur Reiseservice Röbel
Individuelle Führungen, ornithologische Wanderungen, Bildungsurlaub, Gruppenführungen: Röbel, Bad Stuer, Müritz-Nationalpark u. v. m.
Pferdemarkt 8 | Tel. (03 99 31) 5 18 09 | www.reiseservice-müritz.de

Übernachten

Landhaus Müritzgarten
Hotel Garni im Landhausstil, wenige Schritte zum See und Badestrand, großer Garten, große Zimmer, Gästevilla, Blockhäuser, Fahrradverleih, Sauna, Landhausstube mit kleiner Abendkarte für Hausgäste.
Seebadstraße 45 | Tel. (03 99 31) 88 10 | www.hotel-mueritzgarten.de | €€

Strandhotel Müritz
Familiäres 3-Sterne-Hotel in schöner Lage, fast am See, mit eigenem Badestrand, helle und freundliche Atmosphäre, Wellness, Fahrradverleih, Restaurant mit regionalen Gerichten.
Seebadstraße 44 | Tel. (03 99 31) 5 30 50 | www.mueritz-strandhotel.de | €€

Hotel Müritzterrasse
Kleines, feines 3-Sterne-Hotel, direkt am Wasser mit Terrasse und Blick auf die traditionellen Bootshäuser, Restaurant mit feiner, regionaler Küche.
Straße der Deutschen Einheit 27 | Tel. (03 99 31) 89 10 | www.mueritzterrasse.de | €€

Hotel Seestern
Sehr idyllisch gelegenes 3-Sterne-Hotel mit schönem Garten, Bootssteg. Außerdem zu empfehlen: das Fischrestaurant mit Wintergarten.
Müritzpromenade 12 | Tel. (03 99 31) 5 80 30 | www.hotel-seestern-roebel.de | €€

Camping

Camping Pappelbucht
Direkt am See, 2 km vom Zentrum, freier Eintritt ins Strandbad gleich daneben, Dauercampingplätze, Wohnwagen, Zelte, Kanu- und Radverleih.
Seebadstraße 38a | Tel. (03 99 31) 5 91 13 | www.mueritztherme.de

Essen & Trinken

Restaurant-Hotel Seglerheim
Ehemaliges Vereinsheim des Seglerhafens, Mini-Hotel mit Schilfdach im Bootshausstil, zum Teil auf dem Wasser. Kapitänszimmer mit Sonnenterrasse. Fahrradverleih, Wasserparkplätze. Großes und beliebtes Restaurant mit Terrasse, regionaler Speisekarte, selbst gebackenem Kuchen, vielen leckeren Fischgerichten und toller Aussicht.
Müritzpromenade 11 | Tel. (03 99 31) 5 91 81 |www.seglerheim.de

Fischhaus Meyl
Traditionelles Fischgeschäft mit Bistro und schöner Gartenterrasse in Alt-Röbel. Verarbeitet die mehr als 20 Fischarten, welche die Müritz hergibt: frisch, geräuchert oder sauer eingelegt. Außerdem kann man sich auch Fisch nach Hause schicken lassen. Das Verkaufsschiff *Backfisch* im Röbeler Hafen ist nicht zu übersehen, außer Backfisch gibt es auch 18

verschiedene Sorten Fischbrötchen.
Straße der Deutschen Einheit 48 | Tel. (03 99 31) 5 01 84 | www.fischhaus-meyl.de

Regattahaus
Hier gehen die Segler essen, altdeutsche Küche, unkompliziert, lecker, volle Teller, gutes Preis-Leistungs-Verhältnis.
Müritzpromenade 20 | Tel. (03 99 31) 5 35 36 | www.raeucherkahn.de

Einkaufen

Hofcafé & Weltladen
Sympathischer Weltladen plus Mecklenburger Hoflädchen. Regionale Produkte und Geschenke aus aller Welt. Etwas versteckt im Hof eines roten Fachwerkhauses am Markt. Gleichzeitig Zimmervermittlung und kleines Café mit frisch gebackenem Bio-Kuchen und Bio-Eis.
Straße des Friedens 39 | Tel. (03 99 31) 53 97 55 | www.zimmervermittlung-mueritz.de

Müritz unverpackt – Bioladen & Café
Einkaufen ohne Plastikverpackungen. Kleiner Laden nach einem jungen, umweltfreundlichen Konzept, wo es Gemüse, Getreide oder Kaffee gibt, den man auch sofort zu selbst gebackenem Kuchen genießen kann.
Straße des Friedens 50 | Tel. (01 70) 5 10 27 37 | Mo–Fr 10–18.30, Sa 10–14 Uhr

Galerie Radius
Der Galerist Lutz Kroh präsentiert Malerei, Grafik, Plastik, vor allem von einheimischen Künstlern, so auch den 2016 verstorbenen Röbeler Künstler Werner Schinko.
Straße des Friedens 14 | Tel. (03 99 31) 12 95 97 | Do–So 15–17 Uhr

Buchhandlung Wendt
Hier findet jeder den passenden Urlaubsschmöker! Inhabergeführte Buchhandlung mit netter Beratung und einem guten Buchsortiment.
Hohe Straße 10 | Tel. (03 99 31) 5 23 29 | www.buchhandlung-wendt.de | Mo–Fr 9–18, Sa 9–12 Uhr

Aktivitäten

Bootscharter

WSC Marina
Vom Ruderboot bis zur Jacht gibt es hier alles für den großen Urlaub, aber auch für den kleinen Ausflug oder einen Angelnachmittag. Bootsführerschein und Training, Ferienwohnungen direkt am Wasser, Radverleih.
Seebadstraße 37 | Tel. (03 99 31) 5 11 23 | www.bootscenter-mueritz.de

Schiffsausflüge

Weisse Flotte Müritz
Von Ende Apr.–Anfang Okt. wird Röbel von der *Weissen Flotte* angefahren. Abfahrt ab Hafen Röbel, Röbel–Waren 80 Min., Tickets an Bord oder im Hafen 1 (Kiosk).
Am Hafen 1 | Tel. (03 99 31) 5 12 34 | www.weisse-flotte-mueritz.de

Hier gibt es selbst gebackenen Kuchen

Rund um Röbel

In der Umgebung Röbels sind die hübschen Dörfer Ludorf, Solzow und Bollewick zu finden.

Sehenswertes

Oktogonkirche Ludorf

Eine achteckige Dorfkirche aus dem 12. Jahrhundert. Sie wurde der Grabeskirche von Jerusalem nachempfunden.

Kirchenstraße 6 | 17207 Ludorf | Mai–Okt. So 10 Uhr, Führungen mit Anmeldung über www.gutshaus-ludorf.de

Übernachten & Essen

via Tipp Romantik Hotel Gutshaus Ludorf

Der Hausherr Manfred Achtenhagen floh einst als blutjunger Segler über die Ostsee in den Westen. Nach der Wende kehrte er in die Heimat zurück. In Ludorf hat er das alte Gutsensemble liebevoll restauriert. Dazu zählen die Kirche, das Herrenhaus von 1698, der große Park bis zum Ufer der Müritz und das Gutsmuseum. Das Hotel ist ein sehr stilvolles Haus in absoluter Ruhiglage mit historischer Einrichtung. Sauna, Wellness, Bootsliegeplätze, Radverleih, geführte Wanderungen mit Ornithologen. Station auf der *Tour de Müritz*:

www.tour-de-mueritz.de

Manfred Achtenhagen und seine Frau Keril sind Pioniere der Slow Food Bewegung an der Müritz. Chefkoch ist seit 2017 der mehrfach ausgezeichnete Peter Niemann, der hier im Restaurant *Morizaner* regionale, frische Gutsküche in typisch Mecklenburger Art präsentiert. Vielfach wurde sein Gespür für Aromen gelobt, denn die zweite Heimat des ehemaligen Leipzigers ist die Bretagne. Frischer Fisch, Krebse oder Gemüse aus dem Gutsgarten hinterm Haus inspirieren sicher seine Kochkunst. Be-

Das liebevoll restaurierte Gutshaus Ludorf mit Hotel und Restaurant

liebt sind auch die Yogakurse in Ludorf, zu denen sogar ayurvedisch gekocht wird.
Rondel 7 | 17207 Ludorf | Tel. (03 99 31) 84 00 | www.gutshaus-ludorf.de | €€

Seehotel Zielow
Kleines Hotel der Flairgruppe am Wasser, 3-Sterne plus, mit großem Freizeitangebot, Reitclub mit 12 Pferden, Kutschfahrten, Radverleih, Wellness, Schwimmbad, Sauna, Restaurant mit ansprechender regionaler Karte, Fleisch aus artgerechter Haltung, Holzbackofen, Grillabende.
Seeufer 11 | 17207 Ludorf (OT Zielow) | Tel. (03 99 23) 70 20 | www.seehotel-zielow.de | €€

Gutshaus Solzow
Kleines, niveauvolles Gutshaus im Biedermeierstil, Zimmer, Appartements, Ferienwohnungen im Bauernhaus. Viele Antiquitäten, ein Flügel für Hausmusik. Großer Park und Café-Restaurant. Fahrradverleih, Abholservice vom Bahnhof/Flugplatz. Hausgäste erhalten täglich ein frisches, regionales 3-Gang-Menü am Abend. Das Café ist öffentlich von Anfang Apr.–Anfang Okt. 14–18 Uhr. Legendär: die Stachelbeer-Baiser-Torte.
Lange Straße 21 | 17209 Vipperow (OT Solzow) | Tel. (03 99 23) 25 17 | www.gutshaus-solzow.de | €€

„Rent a castle" – Schloss Retzow
Eins der schönsten Schlösser Mecklenburgs ist zu neuem Leben erwacht, seit 2016 kann man hier wieder rauschende Feste feiern oder herrschaftlich übernachten. Das klassizistische Ensemble, um 1800 erbaut, hat einen großen Saal mit bis zu 120 Plätzen, eine schöne Terrasse und einen wunderschönen Schlossgarten. Etwas Besonderes ist die große Hochzeitssuite, aber auch für den kleinen Geldbeutel gibt es Schlosswohnungen ab 60 € pro Tag.
Parkweg 7 | 17248 Retzow | Vermietung über Manfred Achtenhagen | Tel. (03 99 31) 84 00 | www.schloss-retzow.de

Camping

Campingplatz Zielow
Zeltplatz auf ehemaligem Bauernhof, Wohnmobilstellplätze, Zelte auch zum Mieten, Ferienwohnungen, großer Saal für Kino und Musik, beliebt bei Bikern on Tour. Restaurant nebenan im Seehotel.
Seeufer 1 | Ludorf (OT Zielow) | Tel. (03 99 23) 24 20 oder (01 57) 74 01 15 83 | www.zielowcamp.de

Einkaufen

Die Scheune Bollewick
Größte Feldsteinscheune Deutschlands, 125 m lang, 34 m breit. Noch bis 1991 von 650 Kühen bewohnt, beherbergt sie heute neben einem kleinen Hotel einen bunten Dorfbasar. Auf zwei Etagen wechselnde Ausstellungen, Kunsthandwerk, regionale Produkte, Friseur, Bäckerei, Restaurant und Café. Zu empfehlen: Drechselstube Hofrichter und Zipfel Lienchen. Feste, Trödelmärkte, Bauernmarkt.
Dudel 1 | 17207 Bollewick | Tel. (03 99 31) 5 20 09 | www.scheune-bollewick.de

Ziegenhof Müritz
Auf dem Hof leben 50 Milchziegen und Zicklein, die sich von den Besuchern auch streicheln lassen. Hofladen/Hofcafé, gläserne Manufaktur, frischer Ziegenkäse in vielen verschiedenen Variationen, Ziegenmilch, Ziegenwurst, selbst gebackener Kuchen.
Feldweg 6a | 17248 Retzow | Tel. (03 99 23) 7 17 51 | www. ziegenhof-mueritz.de | Mo–Do 16–17, Fr–So 9–11 und 16–17 Uhr

Am Westufer der Müritz

Am westlichen Ufer der Müritz liegen die idyllischen Dörfer Klink, Sietow und Gotthun.

Klink liegt auf einem schmalen Landstreifen zwischen Müritz und Kölpinsee. Bekannt ist es für sein märchenhaftes Schloss mitten am Müritzufer. Von hier hat man den schönsten Gesamtblick über die Müritz.

Sietow ist eines der schönsten Dörfer der Region mit einem hübschen Hafen, denkmalgeschützter Kirche, Fischgaststätten und Einwohnern mit kreativen Ideen.

Gotthun liegt auf einer Halbinsel, die mitten in die Müritz ragt. Von hier hat man einen einmaligen Rundblick bis fast über die ganze Müritz.

Übernachten & Essen

Schlosshotel Klink
Märchenschloss direkt an der Müritz. 1898 erbaut nach Vorbild der Loireschlösser. Zur DDR-Zeit VEB-Erholungsheim, dann von der Treuhand verzockt, Leerstand. 1998 liebevoll restauriert, mehrere Restaurants, Café und Bar.
Schloßstraße 6 | 17192 Klink | Tel. (0 39 91) 74 70 | www.schlosshotel-klink.de | €€–€€€

Gutshof Woldzegarten
Ehemaliges Landgut derer von Flotow, schön saniert mit 200-jährigem Herrenhaus, Hallenbad, Sauna, Wellness, Restaurant mit gehobener Küche, regelmäßig klassische Konzerte.
Walower Straße 30 | 17209 Leizen (OT Woldzegarten) | Tel. (03 99 22) 82 20 | www.gutshof-woldzegarten.de | €€–€€€

Landhaus Sietow
Neues kleines Hotel direkt an der B 192, viel Holz, sauber und nett. Ferienwohnungen, Appartements, Restaurant mit regionaler Küche, viel Fisch und Kräutern. Partner des Sietower Wandelweges.
Warener Straße 12 | 17209 Sietow | Tel. (03 99 31) 5 13 42 | www.landhaus-sietow.de | €€

Fischerhütte Sietow
Schöner geht es fast nicht zum Fischessen an der Müritz. Jeden Tag frischer Fisch und natürlich auch geräuchert. Alles lecker und preiswert, in vollkommener Natur. Außerdem Vermietung von Ferienwohnungen, geführte Angeltouren, Krebsfischen.
Am Alten Hafen | Sietow-Dorf | Tel. (03 99 31) 5 27 11 | www.fischerei-alt-schwerin.de | Ende März–Anfang Nov. tgl. ab 11 Uhr | €–€€

Pension Müritzblick
Idyllische Alleinlage für Menschen, die Ruhe suchen. Müritzbadestrand 600 Meter entfernt. Einfach, nett, sauber, direkt am Feldrain. Großer Spielplatz, Lagerfeuer und Grillen, Restaurant: regional und preiswert.
Reitweg 4 | 17207 Gotthun | Tel. (03 99 31) 85 10 | www.mueritzblick-gotthun.de | €

Camping

Müritzcamp Gotthun
Campingplatz in völliger Ruhiglage, FKK und Textil getrennt.
Schloßstraße 4 | www.mueritzcamp-gotthun.m-vp.de
Textil-Campingplatz Nitschow
Tel. (03 99 31) 5 26 15
FKK-Campingplatz Hirschberg
Tel. (01 71) 7 4739 15

Einkaufen

Müritzer Bauernmarkt
8 Kilometer westlich von Waren in

Wie im Märchen: die detailverliebte Fassade des Schlosshotels Klink

Klink. Großer Regional- und Erlebnismarkt mit Restaurant, Konditorei, Café, große Auswahl an kulinarischen und dekorativen Mitbringseln.
Hafenstraße 3 | 17192 Klink |
Tel. (0 39 91) 6 34 63 90 |
www.mueritzer-bauernmarkt.de |
Jan. 10–20, Feb.–Dez. 10–21 Uhr

Der Sommerladen
Farbenfrohe Mode aus Naturmaterialien von S bis XXL, Schals, Ledertaschen und französischer Wein, auch zum Probieren.
Dorfstraße 58 | 17209 Leizen (OT Minzow) |
Tel. (03 99 22) 8 21 73 |
www.sommerladen-minzow.de |
Mai–Sep. Di–Sa 13–17 Uhr

Aktivitäten

Sietower Wandelweg
Vom Alltagsfrust zur Pilgerlust! Kleiner Wandelweg einer privaten Initiative von Sietower Bürgern. Hier wird nicht auf Leistung gewandert, sondern auf sechs Kilometern „bewusst gewandelt". Los geht es am Atelier der Künstler Manfred und Christel Jeikner in Sietow Dorf. Am *Adlerhorst,* bei der *Wolkenfreiheit* oder da, *wo der Fuchs springt,* soll man sich bewusst auf die Natur und seine Sinne einlassen. Zwischendurch gibt es die Wandelwegsuppe oder andere Wandelweggerichte im Sietower Landhaus.
www.sietower-wandelweg.de

Rund um Kölpinsee & Fleesensee

Nordwestlich der Müritz liegen die beiden kleineren Gewässer Kölpinsee und Fleesensee. Hauptanziehungspunkt am Fleesensee ist die wunderbar romantische Inselstadt Malchow. Für faszinierende Naturerlebnisse sorgt das Wisentreservat am Kölpinsee.

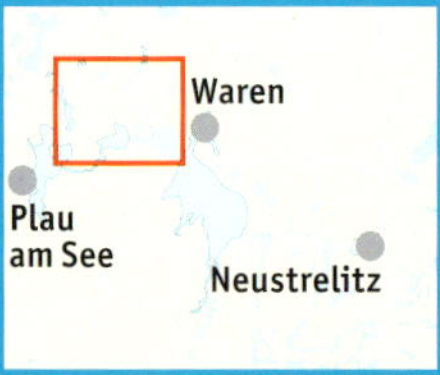

Kölpinsee

Als drittgrößter See an der Mecklenburgischen Seenplatte hat der Kölpinsee eine Fläche von 20 Quadratkilometern, die Elde verbindet ihn mit der Müritz.

via Tipp Wisentreservat Damerower Werder

Der Damerower Werder bei Jabel ist eine 300 Hektar große Halbinsel im nördlichen Kölpinsee. Hier leben derzeit 30 Wisente. Es ist eines der größten und ältesten Wisentreservate Deutschlands.

Vor 90 Jahren war der Wisent in Europa vom Aussterben bedroht. 1923 gab es nur noch zwölf Tiere, die für eine Zucht in Frage kamen.

Die größte Gruppe lebte im Bialowieza-Urwald in Polen. 1957 wurden die Zoologen in der DDR von der polnischen Regierung gebeten, sie bei der Wisentzucht zu unterstützen. Fast vollständig bewaldet, bot der Damerower Werder den Pflanzenfressern beste Bedingungen. Seit 1960 ist er ohne menschliche Eingriffe. Hier wurden zunächst zwei Wisente ausgesetzt. Schon ein Jahr später bekamen sie Nachwuchs.

Alle Wisente, die hier zur Welt kommen, tragen Namen mit den Anfangsbuchstaben DA. In einem Schaugatter werden Wisente und auch Rotwild gezeigt.

Zum Werder 5a | 17194 Jabel (OT Damerow) | Tel. (03 99 29) 7 67 11 | www.wisentinsel.de, www.wald-mv.de | Das ganze Jahr über Fütterungszeiten 11 und 15 Uhr Wisente, 12 Uhr Rotwild

Jabel

Das von viel Wald und Wasser umgebene Dorf am Nordufer des Jabelschen Sees hat sich zum Erholungsort entwickelt. Die Regionalbahn zwischen Waren und Malchow hält am einen Kilometer nördich gelegenen Bahnhof.

Übernachten & Essen

Landgasthof Wirtshaus Zur Eibe
Traditioneller Dorfkrug mit Tanzsaal, im Zentrum von Jabel. 2002 neu aufgebaut, mit Touristinfo. Zimmer, Ferienwohnungen, Boots-, Kanu-, Floß- und Fahrradverleih, eigener Bootssteg. Restaurant mit schönem Biergarten, mediterrane, regionale Gerichte, alles frisch. Fischkarte!
Hoher Damm 7 | 17194 Jabel | Tel. (03 99 29) 76 78 90 | www.wirtshauszureibe.de | €€

Maribell
Große Ferienanlage (FeWo ab 340 € / Woche) sowie Campingplatz direkt am Wasser, Kanu-, Ruderboot-, Fahrradverleih, Jachthafen mit Bootsliegeplätzen. Restaurant *Toplicht*.
Am Ufer 2 | Tel. (03 99 29) 7 05 00 | www.maribell.de

Campingplatz Jabel-Heidefriedhof
Naturnaher, ruhiger Campingplatz am Jabelschen See. Apr.–Anfang Okt.
Am Heidenfriedhof 1 | Tel. (01 71) 6 48 74 52 | www.campingplatz-heidenfriedhof.de

Quisisana Eiscafé und Restaurant
Traditionelles Eiscafé am See. Selbst gemachtes Eis, Restaurant mit Terrasse und Grill. Viel Fisch und Wild, alles sehr preiswert. Zwei sehr einfache Ferienwohnungen auch im Winter.

◂ *Auf dem Steg am Fleesensee hat man einen tollen Rundumblick. Hier lässt es sich prima picknicken und entspannen*

Am Strandbad 1 | Tel. (03 99 29) 7 68 60 | www.quisisana-jabel.de | Apr.–Okt.

Fischer-Rotunde Damerower Werder
Kleine grüne Oase direkt am Jabelschen See auf dem Weg zum Wisentgehege. Alles lecker und fangfrisch von den Müritzfischern. Schiffsanleger, Wasserspielplatz.
Zum Werder 7d | Jabel (OT Damerow) | Tel. (03 99 29) 76 69 8 | www.mueritzfischer.de

Fleesensee

Der Fleesensee ist rund 4,9 Kilometer lang und 4 Kilometer breit. Den meisten ist er bekannt durch das gigantische Urlaubsresort südlich des Sees.

Göhren-Lebbin

Wo 1990 noch ein unscheinbares Dorf stand, befindet sich heute das größte Ferienresort Nordeuropas, das *FleesenSee Hotels & Sportresort,* mit Schlosshotel, Iberotel direkt am Fleesensee, dem Dorfhotel, sowie Robinson- und Golfclub, SPAworld, Reitställen, Tennishalle und noch vielem mehr. Es ist eine kleine Ferienstadt entstanden, sogar mit Marktplatz, Pizzeria und Boutiquen.
Tannenweg 1 | 17213 Göhren-Lebbin | Tel. (03 99 32) 80 01 00 | www.fleesensee.de

Landpension Am Fleesensee
Kleine, einfache Pension in herrlicher Ruhiglage, direkt am nordöstlichen Fleesensee, Liegewiese, Bootsanleger, Badebucht, ideal für Angler, Radfahrer, Restaurant mit regionaler Küche, Fisch von den Müritzfischern, Räucherofen, preiswert und lecker.
Am Park 33 | 17214 Silz | Tel. (03 99 27) 7 03 94 | www.landpension-amfleesensee.de | €

Feriendorf Silz
Direkt am nördlichen Ufer des Fleesensees, mitten im Wald. Preiswerte Bungalows für 4–8 Personen, Seminarhaus mit Kiosk, Kaminzimmer, Terrasse, Sauna, Whirlpool, Solarium, Fitnessraum, Freizeitgeräte. Kinderfreundlich mit eigenem Sandstrand und Bootsanleger, Rad- und Bootsverleih. Gut geeignet für Ausflüge nach Malchow, Plau oder Waren.
Am Fleesensee 3 | Silz | Tel. (03 99 27) 7 00 17 | www.feriendorf-silz.de

Nossentiner Heide & Drewitzer See

Der Drewitzer See nordwestlich des Fleesensees ist einer der klarsten Seen in Deutschland. Er ist 4,6 Kilometer lang und bis zu zwei Kilometer breit.

Früher war der **Drewitzer See** Trinkwasserreservat für Rostock, heute gehört er zum Naturpark Nossentiner/Schwinzer Heide, der sich nördlich der großen Seen von Jabel über Linstow bis nach Goldberg erstreckt. Der See darf nicht mit Motorbooten befahren werden, baden ist nur am südlichen Ufer bei Sparow und nahe Drewitz am Ostufer erlaubt.

Der herrliche **Naturpark Nossentiner/Schwinzer Heide** misst 35 000 Hektar, 56 Prozent davon sind Wald, 13 Prozent Seen und Flüsse. Eine Landschaft mit ausgedehnten, gut ausgeschilderten Rad- und Wanderwegen. Auch der Europaradweg Berlin–Kopenhagen führt hindurch.

Übernachten

Gutshof Sparow
Gepflegtes 4-Sterne-Hotel, ruhig gelegen. Badestrand am Drewitzer See. Gutshaus, Appartements, Pool, Sau-

na, Wellness, Hunde erlaubt, Kapelle für Trauungen, Tennis- und Squashhalle. Restaurant *Jagdstuv* mit regionaler Küche.

Hotel Gutshof Sparow | 17214 Sparow | Tel. (03 99 27) 76 20 | www.gutshof-sparow.de | €€

Naturresort Drewitz

Der ehemalige Jagdsitz von Erich Honecker ist das einzige Grundstück am Drewitzer See, mitten im Wald. Fünf nostalgische Suiten. Ferienhäuser, Hallenbad, Sauna, Fahrrad- und Bootsverleih. Kräuter-, Foto- und Tanzkurse. Stilvolles Restaurant mit schöner Terrasse.

Am Drewitzer See 1 | 17214 Nossentiner Hütte (OT Drewitz) | Tel. (03 99 27) 76 70 | www.drewitzersee.vandervalk.de | €€

Gutshaus Linstow

Schön gelegen zwischen alten Bäumen, am Fluss Nebel. Ökologisch, mit großem Aufwand saniertes Gutshaus von junger Familie. Direkt am Radweg Berlin-Kopenhagen. Ferienwohnungen, Zimmer, TV-frei. Café-Restaurant, leckerer Kuchen, gesunde Gerichte. Sehr kinderfreundlich!

Hofstraße 15 | 18292 Dobbin-Linstow | Tel. (03 84 57) 5 17 51 | www.gutshaus-linstow.de

Einkaufen

Manufaktur Löwenzahn

Anke Bayler macht alles selbst: Würzöle, Kräutersirup, Gelees, Blütenzucker, feine Liköre, Marmeladen. Die Zutaten kommen aus ihrem Garten oder von den Wiesen ringsum. Die engagierte Kräuterfee gibt ihr Wissen auch gern in Kursen weiter.

Dorfstraße 32 | 17214 Nossentiner Hütte | Tel. (03 99 27) 7 61 79 | www.manufaktur-loewenzahn.de

Aktivitäten

Trabant mieten

Mit dem Kultauto die Gegend rund um die Müritz erkunden.

Event & Touring AG | Liepener Straße 4 | 17194 Hohen Wangelin | Tel. (03 99 33) 7 38 69 | www.trabant-mieten.de

Das Naturresort Drewitz war zu DDR-Zeiten das Jagdschloss von Erich Honecker

Malchow

Die Inselstadt Malchow liegt im Herzen der Großseenplatte, zwischen und Plauer See. Die Drehbrücke im Zentrum ist der Knotenpunkt von Wasser- und Landwegen. Alles steht still, wenn die Brücke sich öffnet. Zur Freude vieler Besucher, denn die können von ihren Kaffeehausstühlen die großen Dampfer, Jachten und Segler beobachten.

Steckbrief: Malchow

Offizieller Name: Inselstadt Luftkurort Malchow
Gründung: 1235
Verwaltung: Kleinstadt im LK Mecklenburgische Seenplatte
Einwohner: 6 582 (Dez. 2015)
PLZ: 17213
Vorwahl: 03 99 32
Fläche: 44,6 km^2
Geografische Lage: Am Malchower See, zwischen Fleesensee und Plauer See, 85 km südlich von Rostock, 161 km nördlich von Berlin, 180 km östlich von Hamburg
Wirtschaft: Tourismus, Handel, größeres Gewerbegebiet

Das romantische Inselflair Malchows hat fast etwas von Italien, obwohl die Insel mit nur zwei Straßen doch recht klein ist. Sie liegt im Malchower See, ist über einen Erddamm und die Drehbrücke mit dem Festland verbunden. Eng schmiegen sich die winzigen Häuschen ans Wasser. Sie sehen aus wie ein buntes Mosaik. Dazwischen führen schmale Gassen immer wieder zum Ufer, in verwunschene Gärten und zu gemütlichen Terrassen.

Die kleine Stadt

Bereits im 6. Jahrhundert siedelten Slawen am östlichen Ufer des Flusses Elde. Sie gaben dem Ort den Namen „Civitas Malchow", abgeleitet vom altslawischen „malu" – klein. Im 10. Jahrhundert errichteten sie eine Burg nahe dem heutigen Laschendorf. Diese war hart umkämpft und wurde im Laufe des Slawenkreuzzuges 1164 von Heinrich dem Löwen schließlich ganz unterworfen.

Schon damals gab es an der breitesten Stelle der Elde eine Insel mit Marktflecken. Auf Pfählen wurde dort die neue Inselstadt Malchow errichtet, 1235 erhielt sie das Schwerinsche Stadtrecht. 1298 verlegte das Kloster Röbel seinen Sitz nach Alt Malchow auf das Festland östlich der Insel. Bis 1934 blieb dieser Ortsteil ein selbstständiges Dorf. Alt Malchow erreichte man zuerst über eine hölzerne Brücke, bis diese im Dreißigjährigen Krieg zerstört wurde. Danach fuhr eine Fähre und 1846 schüttete man einen Erddamm auf.

Nach verheerenden Stadtbränden im Jahre 1721 auf der Inselstadt begann man auch auf dem westlichen Festland mit dem Bau von Häusern. Dieser Stadtteil war zuerst mit einer Holzbrücke, später über die Drehbrücke mit der Inselstadt verbunden.

Schon im Mittelalter war Malchow für sein Tuchmacherhandwerk bekannt und Ende des 19. Jahrhunderts lebten hier mehr als 120 Tuchmachermeister.

In der Nazizeit errichtete die *Dynamit AG Alfred Nobel* am Rande der Stadt, Richtung Karow, eine riesige Munitionsfabrik. Dort arbeiteten mehr als 10 000 Menschen, darunter viele Zwangsarbeiter und weibliche KZ-Häftlinge aus dem Malchower Außenlager des KZs Ravensbrück. Die unterirdische Fabrik, umgangssprachlich auch „Das Werk" genannt, wurde von 1948 bis 1952 systematisch gesprengt und ist heute ein brachliegendes Gelände mit einer enormen Fledermauspopulation. Die Wohngebäude der Angestellten und Zwangsarbeiter sind inzwischen beliebte Wohnquartiere, noch zu sehen im Sandfeld oder an der Lagerstraße, auch die Jugendherberge zählt dazu.

In der DDR-Zeit setzte man in Malchow wieder auf Textilien, 1980 wurde hier das größte Teppichwerk Europas gebaut. 4,5 Millionen Quadratmeter Teppich gingen jährlich vom Band. Nach der Wende waren die Arbeiter zu teuer und das Werk musste Insolvenz anmelden.

Wegen der schönen Lage hat die Stadt nie einen Mangel an Touristen. Ein Highlight ist das Volksfest Anfang Juli. Der Bootskorso, das große Feuerwerk vor der Klosterkirche und der Festumzug sind einmalig schön.

Sehenswertes

Die Drehbrücke

Sie ist die Hauptattraktion und das Zentrum der Stadt. Bis 1845 einfache Holzbrücke, ab 1863 hölzerne Drehbrücke, 1912 Stahlbrücke, 1945 gesprengt, 1948 und 1991 erneuert. 2013 nach zweijähriger Bauzeit ersetzt durch eine neue Konstruktion. Anlegeplatz der Fahrgastschiffe, Stadtinformation, Cafés. Ein beschaulicher Ort zum Verweilen.

Altstadtinsel und Rathaus

Die historische Altstadt auf der Insel hat nur zwei Straßen, die Kurze Straße und die Lange Straße, dazu den Alten Markt mit dem Rathaus. Nachdem 1697 ein Großbrand das Rathaus zerstörte, begann man erst wieder 1821 mit dem Bau eines zweistöckigen Fachwerkhauses. Die Fassade des neuen Rathauses strich man ganz in Grau, denn es sollte wie ein klassizistischer Massivbau wirken. 100 Jahre später hatte sich der Geschmack geändert. Das Fachwerk wurde wie-

Die Drehbrücke von Malchow verbindet die Inselstadt mit dem Festland

der hübsch herausgearbeitet, das Holz in Braun gestrichen, der Rest in Gelb und Rot. Bäume wurden davor gepflanzt und ein großer Springbrunnen angelegt. Dies jedoch störte 2005 bei einer neuerlichen Sanierung die Denkmalschützer. Sie verordneten dem Rathaus erneut den historischen Anstrich in Grau.

Rathaus | Alter Markt 1

Klosterkirche & Klostergelände

Die majestätische Klosterkirche steht am östlichen Ufer des Malchower Sees und ist über den Erddamm erreichbar. 1888 wurde sie auf den Ruinen eines Vorgängerbaus im neugotischen Stil errichtet. Der Turm ist 52 Meter hoch. In der Kirche befindet sich heute ein Orgelmuseum, es finden Konzerte und standesamtliche Trauungen statt. Die Kirche ist Eigentum der Stadt Malchow.

1298 zog das Magdalenerinnen- und Zisterzienserinnenkloster von Röbel nach Malchow um, später wurde daraus ein Stift adliger Damen. Das letzte Fräulein lebte noch bis 1972 „auf dem Kloster". Dahinter lässt es sich wunderbar im Engelschen Garten flanieren, 1855/56 vom Kloster-Küchenmeister Jacob Christian Engel angelegt. Innerhalb des Klostergeländes befinden sich Ausstellungen zeitgenössischer Künstler und ein kleines Heimatmuseum.

Mecklenburgisches Orgelmuseum | Kloster 26 | Tel. (03 99 32) 1 25 37 | www.orgelmuseum-malchow.de | Apr.–Sep. Di–So 10–17 Uhr, Okt. Di–So 11–16 Uhr, Nov./Dez./März Sa/So 11–15 Uhr, Jan./Feb. geschlossen

DDR-Museum im Film-Palast

In dem schönen 50er-Jahre-Bau, wo ganze Generationen Filme wie *Söhne der großen Bärin* oder *Die Legende von Paul und Paula* sahen, befindet sich heute das DDR-Museum. Mit viel Sorgfalt wurden hier Stücke der sozialistischen Alltagskultur zusammengetragen, zusätzlich gibt es wechselnde Themenausstellungen zu sehen.

Während des Volksfests wird der Platz vorm Rathaus dekoriert

Blick zur Klosterkirche von Malchow

Kirchenstraße 25 | Tel. (03 99 32) 1 80 00 | www.ddrmuseum-malchow.de | Apr.–Sep. Di–So 10–17 Uhr, Okt. Di–So 11–16 Uhr, Nov./Dez. Sa/So 11–15 Uhr, Jan.–März geschlossen

Stadtwindmühle Malchow
In den 1990ern liebevoll restauriert, beherbergt der Galerieholländer eine ehrenamtlich betreute Ausstellung, u. a. zur Stadtgeschichte. Der Eintritt ist frei. Im Außenbereich (Backsteinbau) Verkaufsaustellung mit Keramik.
Friedrich-Ebert-Straße | 17213 Malchow | Mo–Fr 9.30–11 Uhr

Baden

Malchow hat ein sehr schönes Freibad am Fleesensee, das für Kinder und Erwachsene gleichermaßen geeignet ist. Sprungturm, Liegewiese, Sandstrand. Gastronomische Versorgung und Parkplätze gibt es nebenan in der Gaststätte *Seglerhafen*.
Strandstraße 10a | Tel. (03 99 32) 8 21 68 | www.seglerhafen-malchow.de

Verbindungen

Auto
A 19 Abfahrt 16 Malchow, von Waren nach Malchow auf der B 192.

Bahn
RB ca. alle 2 Stunden nach Waren, von dort weiter nach Berlin oder Rostock. Der Bahnhof Malchow liegt etwas außerhalb, 15 Minuten Fußweg.

Bus
Linienbus: Ab ZOB (Friedrich-Ebert-Straße) Richtung Göhren-Lebbin/Sietow/Waren, Nossentiner Hütte/Hohen Wangelin sowie Plau/Parchim.
MVVG | Tel. (0 39 91) 64 50 | www.mvvg-bus.de
Rundbus: Mitte Apr.–Anfang Okt., bei schönem Wetter mit offenem Verdeck, Fahrradmitnahme möglich: Plauer See–Plau–Malchow.
RegioInfra Gesellschaft | Kostenlose Hotline (08 00) 1 32 33 30 | www.rundbus.de

Brückenöffnungszeiten und Parken
Wer mit dem Auto nach Malchow

fährt, sollte vorher an die Brückenöffnungszeiten denken. In der Saison ist die Drehbrücke von 7–20 Uhr zu jeder vollen Stunde für die Schiffe geöffnet. Im Stadtzentrum und auf der Insel gibt es nur sehr wenige Parkplätze. Empfohlen wird das Parken vor der Insel am Jachthafen/Klosterseite oder westlich auf dem größten öffentlichen Parkplatz gegenüber dem ZOB, Friedrich-Ebert-Straße.

Information

Touristinformation
An der Drehbrücke, Zimmervermittlung, Schiffskarten, Rad- und Angelkarten, Stadtführungen.
Kirchenstraße 11 | 17213 Malchow | Tel. (03 99 32) 8 31 86 | www.luftkurort-malchow.de | Hauptsaison Mo–Fr 10–18, Sa/So 10–16 Uhr

Übernachten

Rosendomizil
Sehr stilvolles Ambiente, große Zimmer mit Wasserblick. Bestlage auf der Insel. Ideal für Verliebte. Wellness, Massagen und Kosmetik. Traditionskonditorei und ausgesuchte, regionale Küche. Schönes Restaurant und Terrasse mit Panoramablick aufs Wasser. Im Winter auch gemütlich mit Kamin. Dependance Hofgarten (Kirchstraße 2) mit neuen Studios, Wohn-Design-Shop und eigener Badestelle.
Lange Straße 2–6 | Tel. (03 99 32) 1 80 65 | www.rosendomizil.de | €€–€€€

via Tipp **Ringelnatz Inselhotel**
Modernes und familiär geführtes Hotel auf sehr hohem Niveau, geschmackvolle Zimmer und Appartements z. T. mit großer Terrasse und Wasserblick, Bistro für Frühstück, sowie Kaffee und Kuchen, Bootsverleih, Bootsfahrschule, Wellness, ein Highlight ist das Saunaboot.
Lange Straße 20 | Tel. (03 99 32) 54 46 21 | www. ringelnatz-malchow.de

Der Insulaner
Einfaches, aber freundliches Hotel mit einem Hauch Berliner Charme, beste Lage, direkt an der Drehbrücke. Deftige, regionale Speisen, viel Fisch, Liegestühle am Wasser.
Lange Straße 7 | Tel. (03 99 32) 82 07 40 | www.insulaner-malchow.com | €€

Sporthotel Malchow
Preiswertes Themenhotel für sportliche Gäste. Hallentennis, Kegelbahn, Fitnessraum, Billard, Sportlerbar, Sauna, Dampfbad, Whirlpool, Massageraum, Fahrradverleih, kleines Restaurant. Beliebt bei Jugendlichen und Familien.
Schulstraße 6 | Tel. (03 99 32) 8 90 | www.sporthotel-malchow.de | €€

Jugenherberge

Jugendherberge Malchow
Einfache Jugendherberge in einem Klinkerbau am westlichen Stadtrand, grüne Umgebung, ideal für Gruppen und Familien. Mit Fahrradverleih.
Platz der Freiheit 3 | Tel. (03 99 32) 1 45 90 | www.jugendherbergen-malchow.de

Essen & Trinken

Dat Fischhus
Kleines Fischrestaurant mit frischem Fisch aus der Region. Seminare zur Fischzubereitung.
Kirchenstr. 2 | www.fischhaus-malchow.de

Don Camillo
Beliebter Italiener auf der Altstadtinsel. Freundliche und meist persönliche Begrüßung durch den Maestro. Kleiner Biergarten. Frische Zutaten, leckere mediterrane Gerichte.
Lange Straße 68 | Tel. (03 99 32) 1 40 71 | www.don-camillo-malchow.com

Eiscafé & Pizzeria Al Porto
Am Malchower Hafen, nahe der Drehbrücke. Südländisches Flair mit leckerem Eis, knackiger Pizza, einem guten Glas Wein und dazu Boote satt.
Kirchenstraße 1 | Tel. (03 99 32) 4 73 37 | www.alportomalchow.de

Bäckerei & Café Kosegarten
Traditionsbäckerei mit kleinem Café und Terrasse mit Wasserblick, leckere Mecklenburger Kuchen und Torten.
Lange Straße 56 | Tel. (03 99 32) 1 23 90

Einkaufen

Fischladen Ralf Peter Voß
Traditionelles Fischgeschäft, Aalräucherei seit 1929, selbst gemachte Salate, Rollmops, Fischbrötchen, Frischfisch aus der Region. Superlecker!
Lange Straße 18 | Tel. (03 99 32) 1 23 18

Adler Drogerie
Seit 1894, in fünfter Generation im Besitz der Familie Spangenberg. Heute: Schwerpunkt Naturkosmetik, Bachblüten, Ostkosmetik.
Güstrower Straße 3 | Tel. (03 99 32) 1 25 13 | www.adler-drogerie.de

Aktivitäten

Sommerrodelbahn & Affenwald
Neben der Sommerrodelbahn mit sieben Steilkurven und 30 Metern Höhenunterschied sind es vor allem die putzigen Berberaffen, die hier für Unterhaltung sorgen. Ohne Scheu vor den Menschen schwingen sie sich auch schon mal auf die Schultern der Besucher, vor allem wenn sie in deren Rucksäcken Futter vermuten.
Karower Chaussee 6 | Tel. (03 99 32) 1 84 22 | www.sommerrodelbahn-malchow.de | Apr.– Okt. tgl. 9–18 Uhr

Malchower Reiterhof
Reitunterricht, Ponyführen, Ausritte in die Umgebung, Kutschfahrten.
Friedrich-Lessen-Weg 8 | Tel. (01 71) 8 09 47 68 | www.malchower-reiterhof.de

Eissporthalle
Schlittschuhlaufen gehört in Malchow zum Schulunterricht. Okt.–März: Schlittschuhverleih, Schlittschuhlaufen, Eishockey.
Schulstraße 1 | Tel. (03 99 32) 1 82 70 | www.eishalle-malchow.de

Fahrrad- & Bootsverleih

Fahrradhandel Köhn
Fahrräder kaufen, leihen, reparieren lassen.
Lange Straße 36 | Tel. (03 99 32) 8 19 47 | www.fahrrad-koehn.de | Mo–Fr 9–18, Sa 9–12 Uhr

Boot & Yachtcharter Selge
Mit einer Jacht durch die größten befahrbaren Wasserstraßen Deutschlands zu fahren, ist ein ganz besonderes Erlebnis. Motorboote und Hausboote auch führerscheinfrei.
Am Stadthafen 7 | Tel. (03 99 32) 47 28 90 oder kostenfrei (08 00) 9 09 91 10 | www.charter-selge.de

Schiffsausflüge

5-Seen-Fahrt mit Landgang in Waren (Müritz), Romantiktour über Malchower See, Petersdorfer See und Plauer See, 3-Seen-Fahrt mit Landgang in Plau am See, Erlebnisfahrt über 4 Seen in Richtung Wisentgehege Damerow, Radler-Linie Malchow–Plau oder Malchow–Waren (Müritz). Im Winterhalbjahr verkürzter Fahrplan. Die Abfahrt findet an der Drehbrücke statt, Tickets sind an Bord oder in den beiden Büros erhältlich:

Malchower Fahrgastschifffahrt
Kirchenstraße 3 | Tel. (03 99 32) 8 32 56 | www.malchower-schiffahrt.m-vp.de

Reederei Pickran
Kirchenstraße 2 | Tel. (03 99 32) 8 17 35 | www.pickran.de

Plauer See

Am Westufer des Plauer Sees liegt Plau. Stadtflaneure folgen den sanften Bögen der Elde durch die malerische Altstadt. Auf der anderen Seeseite lockt der Ausflugsort Lenz mit seinem Strand. Am Südufer verspricht der Bärenwald schöne Naturerlebnisse.

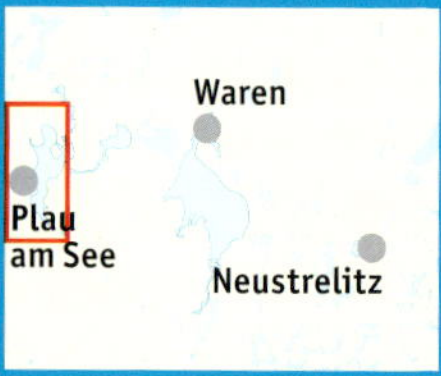

★ Plau am See

Plau ist ein altes Fischer- und Flößerstädtchen westlich des gleichnamigen Sees. Durch die hübsch sanierte Altstadt führt die Elde-Wasserstraße. Auf mittelalterlichen Gassen und verträumten Uferwegen flaniert man ganz ohne Eile. Nördlich und südlich des Ortskerns ziehen sich die Vororte weit am Ufer entlang.

Plau ist nicht Plauen im Vogtland. Weil das manch einer nicht gleich verstand, bekam Plau 1994 den Zusatz „am See“, obwohl der Ort nicht direkt am See liegt. Zwar fließt die Elde mitten durch die Altstadt, doch diese ist durch Feuchtwiesen vom Ufer des Plauer Sees getrennt. Dampfer legen deshalb im Stadthafen an. Von dort führt eine lange Promenade zum Ufer mit einer Marina und dem modernen Leuchtturm. Der Plauer See ist 38,4 Quadratkilometer groß und damit der drittgrößte See in Mecklenburg-Vorpommern. Er hat eine Nord-Süd-Ausdehnung von rund 14 Kilometern, aber nur eine maximale Breite von fünf Kilometern. Direkt am See liegen die Ortsteile Quetzin, Heidenholz, Plötzenhöhe, Seelust und Silbermühle. Bevor die Elde in den Plauer See mündet, fließt sie durch Plau und kann über die blaue Hubbrücke und die Schleuse mit der „Hühnerleiter“ überquert werden.

Steckbrief: Plau am See

Offizieller Name: Staatlich anerkannter Luftkurort Plau am See
Gründung: 1235
Verwaltung: Stadt im Landkreis Ludwigslust-Parchim
Einwohner: 8 111 (Dez. 2015)
PLZ: 19395
Vorwahl: 03 87 35
Fläche: 115,99 km²
Geografische Lage: Westlich des Plauer Sees, am Ausgang der Elde-Wasserstraße, von Berlin 163 km, von Hamburg 173 km
Wirtschaft: Tourismus, Handel, Fischerei

Der alte Flößerort

Die Stadt Plau wurde im 13. Jahrhundert aus einer westslawischen Siedlung gegründet. Man nannte sie „Plawe“, wie das ganze Gebiet, was soviel wie „Flößerort“ bedeutet.

1235 erhielt „Plawe“ gemeinsam mit Parchim das Stadtrecht. Der im Jahre 1287 vollendete Schlossbau nahe der ersten Brücke über die Elde wurde 1448 zu einer der größten Festungen Norddeutschlands ausgebaut, um die Stadt vor den immer häufiger werdenden Raubzügen der Brandenburger zu schützen.

Im 18. Jahrhundert gewann das Tuchmacherhandwerk an Bedeutung, man fertigte Uniformen für die Krone Preußens an. 1882 kam dann der Anschluss ans Eisenbahnnetz nach Güstrow. Diese Verbindung gibt es heute leider nicht mehr.

Zur Gründerzeit erlebte Plau einen wirtschaftlichen Aufschwung, es gab eine Kalkbrennerei, ein Eisengusswerk und die Ziegelei. 1945 übergab

◂ *Ein großer Spaß, der jedes Jahr viele Besucher anlockt, ist die Badewannenrallye in Plau am See*

man die Stadt kampflos, so blieb der schöne Altstadtkern unversehrt.

Nach der Wende wurden die inzwischen denkmalgeschützten Häuser schnell saniert. Deshalb ist Plau heute eine der schönsten Kleinstädte Mecklenburgs. Ein DDR-Kuriosum war die Pelztierfarm in Plau-Appelburg, damals die größte ihrer Art in Europa. Die DDR-Frauen trugen jedoch nie einen Nerz, zum einen galt es als westlich-dekadent, zum anderen konnte man es sich nicht leisten.

Sehenswertes

Museum im Burghof

Das Museum gliedert sich in Burgturm und Technik-Museum. Es wird von ehrenamtlichen Mitgliedern des Heimatvereins betrieben. Der Turm ist gut erhalten und hat im Innern ein elf Meter tiefes Verlies.

Das 2013 neu gestaltete Museum informiert über die Geschichte der Stadt, die heimische Vogelwelt, traditionelles Handwerk, die Fliegerei und Dr. Ernst Alban, einen bedeutenden Techniker und Erfinder aus dem 19. Jahrhundert.

Burgplatz 2 | Tel. (03 87 35) 4 43 75 | www.burgmuseum-plau.eu | Ostern–Ende Okt. tgl. 10–17 Uhr

Stadtkirche St. Marien

Die Stadtkirche von Plau steht am Westende des Marktplatzes. Sie wurde Mitte des 13. Jahrhunderts errichtet. Ein teilweiser Umbau erfolgte 1878/79 im neugotischen Stil. Der Kirchturm ist täglich für Besucher geöffnet, 120 Stufen führen hinauf auf 40 Meter Höhe, bei schönem Wetter bietet sich ein herrlicher Ausblick.

Kirchplatz 3 | Tel. (03 87 35) 4 02 00 | www.kirche-plau.de

Blaue Hubbrücke

Anstelle der 1916 errichteten Hubbrücke gab es früher eine Zugbrücke. Seit 2000 wird der blaue Stahlriese bei Bedarf per Fernbedienung von der Schleuse aus gesteuert. Vorher musste der Schleusenwärter jedes Mal mit dem Fahrrad von der Schleuse kommen. Je nach Wasserstand kann die Brücke bis 1,80 Meter angehoben werden.

Anmeldung über Gegensprechanlage in der Zeit von Apr.–Sep. 9–19.45 Uhr und Okt./Nov. 9–15.45 Uhr

Wandschneider Museum

Professor Wilhelm Wandschneider war ein in Plau geborener Bildhauer (1866–1942). Er war international bekannt für seine Personendenkmale, u. a. von Erzbischof Adalbert am Hamburger Rathaus, Werner von Siemens in Berlin (Straße des 17. Juni) und der Sitzfigur *Die nackte Wahrheit* in St. Louis/USA. In Plau stehen mehrere Skulpturen, so der *Sieger* am Seglerhafen und der *Coriolan* in der Herrmann-Niemann-Straße 16 in Seelust. Letzterer gewann auf der Weltausstellung 1904 in St. Louis eine Goldmedaille.

www.burgmuseum-plau.eu

Schleuse mit „Hühnerleiter"

Zuerst stand hier eine Drehbrücke, 1945 wurde sie gesprengt. Im gleichen Jahr erfolgte der Bau einer Hochbrücke über der Schleuse, statt Treppenstufen nagelte man Leisten auf. Die Plauer gaben ihr deshalb den Namen „Höhnerledder" (Hühnerleiter). 2003 neu gebaut nach altem Vorbild. Eine Schleusung dauert ungefähr acht Minuten, in der Saison führt die Schleusenwärterfamilie Kuck (seit 1980) bis zu vierzig Schleusungen durch.

Über die blaue Hubbrücke gelangt man zum Markt und zum Restaurant Plawe

Rathaus Plau

Das Rathaus steht am Marktplatz und wurde im Stil der niederländischen Renaissance 1888/89 erbaut. Besonders farbenprächtig wegen des wilden Weins im Herbst.

Markt 2 | Tel. (03 87 35) 49 40 | www.amtplau.de

Leuchtturm

Neues Wahrzeichen der Stadt am Ausgang der Müritz-Elde-Wasserstraße. Der Leuchtturm ist 13,5 Meter hoch, auf 8 Metern gibt es eine Aussichtsplattform mit einem schönen Blick auf den Plauer See. Am Fuße befinden sich die neue Marina und Ferienhäuser der Müritzfischer.

Mai–Sep. tgl. 10–18 Uhr

Baden

Entlang des Plauer Sees gibt es viele Badestellen, im Zentrum von Plau allerdings keine, man muss also mindestens einen Kilometer fahren.

Südlich: Das offizielle **Strandbad Plötzenhöhe,** etwa 1 Kilometer von der Altstadt, hat einen flachen Uferbereich für Kleinkinder, Bademeister, Imbiss, schöne Liegewiese.

Die Badestelle **Campingplatz Zuruf** liegt 2,5 Kilometer südlich, hat auch einen flachen Uferbereich, Sandstrand, Wiese, Campinggastronomie. Die Badestelle **Seelust** (drei Kilometer südlich) hat einen ebenfalls flachen Uferbereich, Kinderspielplatz, bewachten Parkplatz, Toiletten, Imbiss, Hotelgastronomie in der Nähe.

Nördlich: Heidenholz Badestelle 1 Zwei Kilometer nördlich, freies Parken, Gastronomie im nahen Ferienpark. 200 Meter nördlich ist ein Hundebadestrand.

Heidenholz Badestelle 2 im Ferienpark, drei Kilometer nördlich der Altstadt, flacher Uferbereich, Ruderbootverleih, Streichelzoo, Restaurant.

Am Markt von Plau

Badestelle Quetzin mit flachem Uferbereich, schönem Sandstrand, Imbiss und Sanitäranlagen.

FKK: Baden und Camping – Insel Plauer Werder in Alt Schwerin – ca. 10 Kilometer nördlich.

Verbindungen

Auto

Von Berlin über die A 19, Abfahrt 18 Röbel/Neustrelitz/Plau am See. Aus Richtung Hamburg über die A 24, Abfahrt 17 Putlitz.

Bahn

Plau hat zwar einen Bahnhof, aber derzeit gibt es dort keinen Zugverkehr.

Bus

Linienbus: Abfahrt ab Bahnhof Plau oder Lange Straße, verschiedene Linien nach Krakow am See, Malchow, Meyenburg, Parchim, Schwerin, Röbel.

MVVG | Tel. (0 39 91) 64 50 | www.mvvg-bus.de
und Verkehrsgesellschaft Ludwigslust-Parchim | Tel. (0 38 83) 6 16 10 | www.vl-p.de

Rundbus: Der Ausflugsbus fährt 5 mal am Tag rund um den Plauer See, hält an 21 Stationen, zumeist Sehenswürdigkeiten wie das Agroneum in Alt Schwerin, das Inselstädtchen Malchow oder am Bärenwald. Mit einem Tagesticket kann man jederzeit die Fahrt unterbrechen und wieder zusteigen. Bei schönem Wetter fährt der Doppeldeckerbus „oben ohne".

Mitte Apr.–Anfang Okt. | kostenlose Hotline (08 00) 13 23 33 0 | www.rundbus.de

Information

Tourist Information

Zimmervermittlung, Rad-, Wander- und Wasserwanderkarten, Angelkarten, regionale Produkte sowie Vorverkauf für Veranstaltungen.

Marktstr. 20 | 19395 Plau am See |

Tel. (03 87 35) 4 56 78 |
www.plau-am-see.de |
Mai–Sep. Mo–Sa 9–18, So/Fei 10–16 Uhr,
Okt.–Apr. Mo–Fr 10–17, Sa/Fei 10–14 Uhr,
Nov.–März Mo–Fr 10–16, Sa 10–14 Uhr

Stadtführungen
Mai–Sep. klassische Stadtführungen sowie Juli–Sep. Kinder-Tour mit Plaulina. Treffpunkt: Tourist Information.

Plauer Tschu Tschu Bahn
Mai–Sep. von Quetzin Badestelle bis Seelust Badestelle 8 mal am Tag. Halt in allen Vororten. Abfahrt am Schiffsanleger „An der Metow", stündlich ab 10.30 Uhr bis ca. 18 Uhr.

Übernachten

Seehotel Plau am See
Familiengeführtes 4-Sterne-Hotel direkt am Wasser im Ortsteil Seelust, Haupthaus und Seeschlösschen, sieben Ferienhäuser. Ruhig gelegen, ideal als Ausgangspunkt für Rad- und Wandertouren. Strand und Bootsanleger, außerdem die Plauer Wasserflugzeugstation. Wellness, Fahrradverleih, Küche: regional, saisonal. Im Winter Eisstockschießen.
Hermann-Niemann-Straße 6 | Tel. (03 87 35) 8 40 | www.falk-seehotels.de | €€

Seeresidenz Hotel Gesundbrunn
Kleines, ruhiges Hotel in einer Villa direkt am See, Ortsteil Seelust, Hallen-Schwimmbad, Sauna, Massagen, jedes Zimmer individuell eingerichtet. Restaurant mit Terrasse, Küche: leicht und gesund, viel Fisch.
Hermann-Niemann-Straße 11 |
Tel. (03 87 35) 81 40 |
www.seeresidenzgesundbrunn.de | €€

Parkhotel Klüschenberg
4-Sterne-Hotel im Stadtpark, fußnah zur Altstadt, für größere Gruppen geeignet, Fahrradverleih, Billard, Salzwasserpool, Sauna, Wintertheater, Modebälle, Küche: fantasievoll, regional, reichhaltig, Fondueabende, Gourmet-Arrangement.
Klüschenberg 14 | Tel. (03 87 35) 4 92 10 |
www.klueschenberg.de | €€

Strandhotel
Größeres 4-Sterne-Hotel an der 1. Plauer Seebrücke mit komfortabler Ausstattung, 27-°C-Schwimmbad, Sauna, Wellness, Bowling, Streichelzoo, eigener kinderfreundlicher Strand, Küche: regional, deftig.
Seestraße 6 | Tel. (03 87 35) 81 10 |
www.strandhotel-plau.de | €€

Hotel Marianne
Hübsches kleines 3-Sterne-Hotel mit besonderem Restaurant *Kiek In* im Ortsteil Heidenholz, Wassernähe, hauseigener Badestrand. Küche: selbst geräucherter Wildschinken, Fischspezialitäten, Grill- und Räucherabende auf der Terrasse.
Quetziner Straße 77 | Tel. (03 87 35) 82 30 |
www.hotel-marianne-plau.de | €€

Jugendherberge

Jugendherberge Plau am See
Rollstuhlgerechte Jugendherberge nahe der Altstadt. Tauch- und Segelkurse, Kanu- und Radtouren.
Dammstraße 43 | Tel. (03 87 35) 8 15 91 |
www.herberge-plau.de | €

Camping

Campingplatz Zuruf
Schöner Platz umgeben von Bäumen, zwei Kilometer südlich der Altstadt, direkt am Wasser. Wohnmobilstellplätze, Zelte, Ferienhäuser, Badestrand, Kinderanimation *Bunter Hund*, Restaurant *Schilfhütte*, Boots- und Fahrradverleih, Angeln. Sogar ein Seeadler schaut regelmäßig vorbei.
Seestraße 38d | Tel. (03 87 35) 4 58 78 |
www.campingpark-zuruf.de

Essen & Trinken

Hotel & Restaurant Fackelgarten
Beste Lage an der blauen Hubbrücke, stilvolles Ambiente, kreatives Kulinarium: regional, asiatisch, französisch, hausgebackener Kuchen, frischer Fisch, Kochkurse. Außerdem: schönes Hotel mit „Gute Laune Fluss-Frühstück", E-Bike-Verleih.
Dammstraße 1 | Tel. (03 87 35) 85 30 | www.fackelgarten.de

Fischerhaus an der Metow
Sehr schönes Restaurant mit Reetdach direkt an der Elde. Maritimes, stilvolles Ambiente. Große Auswahl an Fischgerichten. Vinothek. Außerdem: Appartements, Ferienwohnungen, Bootsverleih, Räucherkurse, organisierte Touren zu den Fischern.
An der Metow 12–16 | Tel. (03 87 35) 83 90 | www.an-der-metow.de, www.raeucherschule-plau.de

Zeislers Esszimmer
Junges Restaurant auf hohem Niveau. Regionale, frische Küche, schöne Terrasse direkt an der Elde.
Strandstraße 4 | Tel. (03 87 35) 49 70 00 | www.zeislers.de | Do–Di 11.30–22 Uhr

Restaurant Café Plawe
Direkt an der Hubbrücke bietet das familiengeführte Haus genau 60 Kaffeespezialitäten, dazu hausgemachte Kuchen. Die Speisenauswahl ist regional, saisonal, preiswert, Bio- und Vollwertkost, Holunder- und Sanddornspezialitäten.
Große Burgstr. 1 | Tel. (03 87 35) 4 68 79 | www.plawe.de

Einkaufen

Die Müritzfischer in Plau
Rustikale Fischerei, Fischverkauf und Räucherei direkt neben dem Anleger für Fahrgastschiffe. Ferienwohnungen neben dem neuen Leuchtturm und 30 Schiffsliegeplätze.
An der Metow 13 | Tel. (03 87 35) 4 43 81 oder (0 39 91) 15 34 13 | www.mueritzfischer.de

Antik-Speicher mit Café
Im Ortsteil Appelburg steht der schön restaurierte Speicher. Seltene Fundstücke, antike Möbel, Porzellan, Bilder. Holzmodellbauer Harms Gramentz restauriert auch. Leckeres Frühstück, selbst gebackene Torten.
Meyenburger Chaussee 12c | Tel. (03 87 35) 81 97 59 | www.antikspeicher-plau.de und www.cafeantik-plau.de

Plauer Bücherstube
Heidemarie Schult betreibt ein sehenswertes Bücherlädchen, in dem es auch kleine Geschenke und Wanderkarten gibt.
Große Burgstr. 22 | Tel. (03 87 35) 4 45 24

Plaupause
Liebevoll gestalteter Geschenkeladen mit Mode, Accessoires, Teespezialitäten, Bechern, Grußkarten und Buttons.
Große Burgstr. 13 | Tel. (01 78) 4 79 43 91 | www.plaupause.de | Fr/Sa 10–18 Uhr

Aktivitäten

Kletterpark & Barfußpfad
Auf dem Klüschenberg in den Sommermonaten (Mai–Sep. tgl. 10 Uhr). Außerdem beginnt hier ein Barfuß-Erlebnispfad (Mai-Okt. 10–19 Uhr).
Ziegeleiweg | Tel. (03 87 35) 81 97 38 | www.kletterpark-plau.de und www.barfusspark-plau.de

Streichelzoo
Ferienpark Heideholz. Zwergponys, Lamas, Ziegen, Esel, Ponyreiten, Kutschfahrten.
Kantor-Erich-Str. 3d | Tel. (03 87 35) 8 50 | www.ferienpark-heidenholz.de

Wasserski- und Surfschule Holger Brümmer
Wakeboarding, Windsurfing, Wasserski, Funski.
August-Bebel-Straße 3 | Plau (OT Quetzin) | Tel. (01 72) 9 40 26 87 | www.wassersport-plauer-see.de

Fahrrad- & Bootsverleih

E-Bike Verleih und Jachtcharter
Ophelia-Tours, direkt an der Hubbrücke. Verschiedene Bootstouren mit der schönen Jacht *Ophelia* in der Seeluster Bucht oder ab Leuchtturm sowie geführte Angeltouren.
Dammstraße 1 | Tel. (01 72) 7 45 33 34 | www.schifffahrt-plau-am-see.de

Schiffsausflüge

Fahrgastschifffahrt Wichmann
3-Seen-Rundfahrt, Zwischenstopps in Malchow und am Lenz möglich, Naturerlebnisfahrt nach Waren (Müritz), 2-Seen-Fahrt zum Lenz.
Apr. und Mitte Sep.–Ende Okt. eingeschränkter Betrieb.
Abfahrt: An der Metow 12 | Tel. (03 87 35) 4 44 49 | www.fahrgastschifffahrt-wichmann.de

Plauer Fahrgastschifffahrt
Das kleine Unternehmen des Ehepaars Salewski hat nur einen Dampfer, er heißt *Loreley*. Dieser Name hat in Plau Tradition, schon im Jahre 1929 fuhr die erste *Loreley* auf dem Plauer See. 3-Seen-Fahrt, Große Mecklenburg Seenrundfahrt, 2-Seen-Fahrt. Mai–Mitte Sep., Vor- und Nachsaison eingeschränkter Betrieb.
Abfahrt: An der Metow 13 | Tel. (03 87 35) 4 28 72 | www.fahrgastschifffahrt-plau.de

Plau kocht

Viele Köche verderben den Brei? Von wegen – gleich sieben junge Küchenchefs haben sich rund um den Plauer See zusammengetan. Sie wollten die Region kulinarisch auch über die Grenzen hinaus bekannt machen.

Inzwischen sind ihre 7-Gänge-Menüs so legendär, dass man unbedingt vorreservieren sollte. Die Speisenfolge wird vorher demokratisch entschieden, reihum trifft man sich, diskutiert und probiert. Vor allem sind es regionale Produkte, die sie mit Kreativität neu interpretieren. Von Oktober bis April wird jeweils in einem anderen Restaurant gekocht. Buchen kann man eine Abendveranstaltung oder gleich ein ganzes Wochenendarrangement.
www.plau-kocht.de

Südlicher Plauer See

Ganzlin liegt neun Kilometer südlich von Plau. Am 3. Mai 1945 trafen in Ganzlin die Alliiertentruppen auf 100 000 Rotarmisten. Diese Begegnung gilt als Ende des Krieges in Mecklenburg. Zur Gemeinde zählen unter anderem die Dörfer Gnevsdorf, Retzow und Twietfort, alle drei mit alternativen Tourismuskonzepten.

Das Dorf **Stuer**, gut zwei Kilometer südlich vom Plauer See, war im 13. und 14. Jahrhundert ein Gerichtsort, stand sogar über Röbel und Malchow. Ende des 13. Jahrhunderts errichtete die Familie von Flotow eine Wasserburg am Stuerschen See. Die Mauerreste kann man heute noch sehen. Außerdem sehenswert ist die Fachwerkkirche von 1717.

Der Ortsteil **Bad Stuer** liegt nahe dem Plauer See. In der 1845 entstandenen Wasserheilanstalt mit ihrem nachträglich errichteten Logierhaus fanden 120 Kurgäste Platz. Auch Fritz Reuter war hier zwei Mal Gast.

via Tipp Bärenwald Müritz

Hier geht es Bären gut! Die Mitarbeiter der Stiftung VIER PFOTEN kümmern sich rührend um die Tiere. Sie leben komfortabel in einem 16 Hektar großen Freigehege. Alle hatten es vorher nicht leicht. Manche wurden als Tanzbären, im Zirkus oder Zoo unter schlimmen Bedingungen gehalten. Jetzt schnuppern sie gute Mecklenburger Luft, können sich ins Dickicht zurückziehen und selbst entscheiden, ob sie Besucher sehen wollen.

Derzeit leben 16 Bären im Bärenpark, der größte ist Balou. Er ist 2,20 Meter groß und wiegt 300 Kilo. Wenn der Pfleger mit leckeren Weintrauben, Äpfeln oder Birnen lockt, muss man nicht lange auf ihn warten. Wer mehr zu den Tieren wissen will, besucht das Informationszentrum, fürs leibliche Wohl sorgt ein Imbiss.

Am Bärenwald 1 | 17209 Stuer |
Tel. (03 99 24) 7 91 18 |
www.baerenwald-mueritz.de |
Apr.–Okt. 9–18 Uhr, Nov.–März 10–16 Uhr

Der Bärenwald Müritz nimmt Braunbären aus schlechter Haltung auf

Mütze's Räucherfisch in Bad Stuer

Lehmmuseum Gnevsdorf
Alles über den umweltfreundlichen Naturbaustoff, einziges Museum dieser Art in Europa. Auch nett: die *Filzmanufaktur Ülepüle* in Retzow. Außerdem geführte Wanderungen ins Naturschutzgebiet Marienfließ, ehemaliger Truppenübungsplatz der sowjetischen Streitkräfte, der sich zu einer schönen Landschaft mit Sandheide und Magerrasen entwickelt hat.
Steinstr. 64a | 19395 Gnevsdorf | Tel. (03 87 37) 3 38 30 | www.lehmmuseum.de

Übernachten & Essen

VILA VITA Anneliese Pohl Seedorf
Autofreier Urlaub direkt am Plauer See, stilvolle, um Nachhaltigkeit bemühte Ferienanlage mit eigenem Badestrand, Schiffsanleger, Bootsvermietung, Naturbadeteich, Sauna, Eiscafé und Restaurant, jeder Gast bekommt ein Leihrad.
Dresenower Mühle 9 | 19395 Ganzlin (OT Twietfort) | Tel. (03 87 37) 33 00 | www.anneliese-pohl-seedorf.de | €€

Seehotel Stuersche Hintermühle
Ruhiges 3-Sterne-Hotel mitten im Wald, vier Minuten zum eigenen Badestrand. In der Nähe: das Tal der Eisvögel und der Bärenwald.
Seeufer 6 | 17209 Bad Stuer | Tel. (03 99 24) 7 20 | www.falk-seehotels.de | €€

Mütze's Räucherfisch
Alle nennen ihn nur „Mütze", den Fischer mit dem Räucherofen, seinen Forellenteichen und dem kleinen Imbiss am hinteren Eingang des Bärenwaldes.
Zu den Fischteichen Nr. 2 | 17209 Stuer | Tel. (01 71) 4 72 20 26

Aktivitäten

Kutschfahrten
Hermann Pries ist eigentlich Polsterer, aber um bei seinem häufig stressigen Job zu entspannen, fährt er gern Kremser und bietet Touren in die Retzower Heide.
Steinstraße 63 | 19395 Gnevsdorf | Tel. (03 87 37) 2 04 73 | www.kutschfahrten-mueritz.de

Besitzer und Koch Thorsten Falk vor dem Lenzer Krug

Östlicher Plauer See

Das kleine Feriendorf **Zislow** ist ganz idyllisch gelegen, direkt am See, gegenüber der Stadt Plau.

Der **Lenz** ist ein traditioneller Ausflugsort an der Wasserstraße zwischen Petersdorfer- und Plauer See mit einer Dampferanlegestelle.

Übernachten & Essen

Pension und Schänke Lenzer Krug
1925 stand hier bereits das Kurhaus Lenz, das 1945 jedoch bei der Sprengung der Munitionsfabrik Malchow einstürzte. Es wurde halb so groß wieder aufgebaut. Nachdem die Gaststätte lange leer stand, hat die alteingesessene Plauer Gastronomenfamilie Falk das Haus neu aufgebaut, mit schönem Reetdach, kleiner Pension und großer Terrasse. Das Restaurant gehört zu *Plau kocht* (▸ Seite 101). Es gibt hausgemachte Kuchen, viel Fisch und Wild aus eigener Jagd. Eigener Badestrand im Plauer See.
Am Lenz 1 | Tel. (03 99 32) 16 70 | www.falk-seehotels.de/seehotels/lenzer-krug | €€

Landhaus Die Arche
Bio-Vital-Hotel mit Vollwertküche. Nur einen Kilometer vom Plauer See entfernt, absolute Ruhelage, freundlicher Landhausstil, eigenes Schwimmbad, Sauna, allergiker- und kinderfreundlich, Transfer zum Bahnhof.
Lenzer Weg 1 | 17209 Zislow | Tel. (03 99 24) 70 00 | www.diearche.de | €€

Pferdehof Zislow
Mehr als 100 Pferde leben auf dem Pferdehof, der auch Ferienwohnungen unterschiedlicher Größe vermietet. Für jede Altersklasse gibt es Angebote sowie preiswerte Reiterferien.

Alter Forsthof 5 | Tel. (03 99 24) 25 61 | www.pferdehof-zislow.de | €

Camping

Naturcamping Zwei Seen Zislow
Zwei Seen meint den Plauer See und den Großen Pätschsee, gleich dahinter. Er liegt idyllisch im Wald mit Badestelle am Südostufer. Sehr großer Campingplatz direkt am Wasser. Mieten: Caravans, Blockhäuser, Safarizelte. Außerdem Marina und Restaurant.
Waldchaussee 2 | Tel. (03 99 24) 2 90 18 | www.zwei-seen-naturcamping.de

Nördlicher Plauer See

Alt Schwerin liegt am Tauchowsee, zwischen Plauer See und Drewitzer See und hat (noch) eine Bahnstation.

Südlich von Alt Schwerin ragt der **Plauer Werder** in den Plauer See, eine Halbinsel mit Kiefernwald – einer der schönsten Plätze am Plauer See. Am Ufer gibt es einen Rundweg.

Agroneum Alt Schwerin
Schon 1963 gab es hier in einer Bauernkate eine kleine Agrarausstellung, die heute noch gezeigt wird. Daneben erstreckt sich das neue Agroneum, eine landwirtschaftliche Erlebniswelt mit vielen Sonderausstellungen und regelmäßigem Trödelmarkt.
Achter de Isenbahn 1 | Tel. (03 99 32) 4 74 50 | www.museum-alt-schwerin.de | Trödelmarkt Alt Schwerin | Tel. (03 84 57) 2 42 14 | www.trödelmarkt-altschwerin.de

Übernachten & Essen

Altes Pfarrhaus Alt Schwerin
Kleines Hotel im ehemaligen Pfarrhaus, gemütliche Zimmer. Restaurant *Colonia* mit mediterraner Küche.
Kastanienallee | 17214 Alt Schwerin | Tel. (03 99 32) 41 70 81 | www.landhotel-altes-pfarrhaus.de | €€

Fischerei und Räucherei Alt Schwerin
Wendorf ist das Tor zum Plauer Werder. Die Fischer bieten täglich frischen und geräucherten Fisch, außerdem idyllische Ferienhäuser- und wohnungen, Boote, Angelkarten, begleitete Touren. Eins der besten Fischrestaurants der Region ist die Traditionsgaststätte *Forelle*.

Gleichzeitig Schiffsanleger: Die *MS Plauer Werder* startet in der Saison am Di, Do, So 3 mal täglich zur Rundfahrt: Plauer Werder/Alt Schwerin–Lenz–Zislow–Plau–Alt Schwerin.
Wendorf 4 | Tel. (03 99 32) 4 99 05 | www.fischerei-alt-schwerin.de | Feb.–Dez. ab 11 Uhr, in der Saison Fischverkauf und Frühstück ab 8 Uhr

Ferienpark Plauer See
Schöne Anlage auf dem Plauer Werder mit Hotel, finnischen Blockhütten, Gruppenhaus, Bowling, Sauna, Fahrradverleih, organisierten Touren, im Herbst auch zu den Kranichrastplätzen. Restaurant *Zum Tulpenbaum* mit regionaler, umfangreicher Speisekarte zu moderaten Preisen.
Wendorf 6 | Tel. (03 99 32) 82 70 10 | www.ferienpark-plauersee.de | €€

Camping

FKK-Camping – Insel-Camping
Camping auf dem Plauer Werder: zwei Drittel FKK, ein Drittel Textil. Hier wurde schon Anfang der 1960er-Jahre gecampt. Der Platz hat immer noch etwas von der alten Romantik. Der FKK-Bereich mit 120 Wohnmobilplätzen, alle direkt am Wasser, ist im hinteren Teil des Platzes. Er hat das ganze Jahr (außer November) geöffnet, vor allem für Dauercamper. Gaststellplätze für Wohnwagen, wenige Zelte. Bootsanleger, Kneipe, Billard, Kinderspielplätze.
Wendorf 8 | Tel. (03 99 32) 4 20 74 | www.insel.camping-alt-schwerin.de

Kleinseenplatte

Wenige Kilometer südöstlich der Müritz beginnt die Mecklenburgische Kleinseenplatte. Das zusammenhängende Mosaik aus Seen erstreckt sich bis ins nördliche Brandenburg und eignet sich bestens zum Wasserwandern.

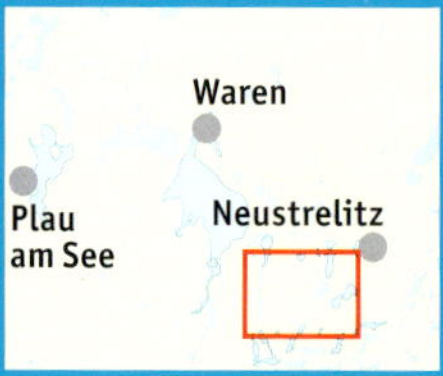

Mirow

Durch ihre Lage am Südende des Mirower Sees und an der Müritz-Havel-Wasserstraße ist die Kleinstadt Mirow ein wichtiger Verkehrsknotenpunkt für den Schiffsverkehr. Hier ist das Tor zur südlichen Kleinseenplatte.

Steckbrief: Mirow

Offizieller Name: Stadt Mirow
Gründung: 1227
Verwaltung: Landstadt im Landkreis Mecklenburgische Seenplatte
Einwohner: 3 988 (Dez. 2015)
PLZ: 17252
Vorwahl: 03 98 33
Fläche: 156,37 km²
Geografische Lage: Südende des Mirower Sees, an der Müritz-Havel-Wasserstraße. 24 km westlich von Neustrelitz
Wirtschaft: Tourismus

Der Ort selbst ist eher unspektakulär, umso sehenswerter ist die schön sanierte Schlossinsel, welche man nur zu Fuß erreicht.

Typisch für Mirow und ein sehr beliebtes Fotomotiv sind die zahlreichen Bootshäuser. Es gibt ausreichend Restaurants, aber auch einige Kanustationen, um Paddel-Touren über die „Alte Fahrt" Richtung Nationalpark oder zum Bolter Kanal an die Müritz zu unternehmen. Größere Schiffe aus Rheinsberg müssen über die Hubschleuse.

Ort des Friedens

Die Slawen nannten den Ort „Mirov", was soviel wie „Frieden" bedeutet. Bereits vor 1226 gab es das Dorf Mirow, das sich zur immer größer werdenden Komturei entwickelte. Als 1541 der letzte Komtur gestorben war, übernahmen die Mecklenburger Fürsten das Anwesen. Das Mirower Schloss war lange das intellektuelle Zentrum von Mecklenburg-Strelitz, das Leben ringsum entwickelte sich jedoch fast gar nicht. Mit dem Tod der letzten Herzoginwitwe 1761 wurde es still um Mirow.

Es gibt einige wenige Straßen mit Fachwerkhäusern aus dem 18. Jahrhundert. Erst 1919 erhielt Mirow das Stadtrecht. 1935/36 wurde die Hubschleuse gebaut, mit der man einen Höhenunterschied von 3,50 Metern überwinden kann. Von Mai bis Oktober öffnet die Brücke zu jeder vollen Stunde die Schleusentore.

Mirow ist heute vor allem Dienstleister für zahlreiche Radtouristen und Wassersportler. An der Strandstraße entlang kann man Richtung Norden zum Badestrand spazieren oder radeln sowie zwischendurch auch einkehren.

Sehenswertes

★ Mirower Schlossinsel

Die romantisch gelegene Insel am Mirower See beherbergt das Schloss Mirow, das 3 Königinnen Palais, die Schlosskirche und das Torhaus. Alles ist umgeben von einem hübschen Park.

1708 begann man mit der Errichtung des **Schlosses,** welches heute noch im Kern mit dem Festsaal erhal-

◂ *Die Region erkunden und dabei seine Unterkunft mitnehmen: Ein Floßboot macht es möglich. Hier vor den Bootshäusern bei Mirow*

Das Torhaus bildet den Eingang zur Mirower Schlossinsel

ten ist. Zu sehen ist eine Mischung aus Rokoko und Barock. 1742 beschädigte ein Großbrand auf der Schlossinsel das Schloss und viele weitere Gebäude, wonach man es von 1749 bis 1752 wieder aufbaute. Das Schloss und das Kavalierhaus wurden 2014 völlig neu saniert.

Die **Johanniter- oder Schlosskirche,** die zum Teil aus dem 14. Jahrhundert stammt, brannte mehrfach aus und wurde zuletzt 2008 saniert.

Das Kavalierhaus wurde 1756–1758 dem Schloss gegenübergestellt und entspricht dessen Vorgängerbau in der Breite und Fensterzahl. Heute heißt es **3 Königinnen Palais** und beherbergt ein Kultur- und Erlebniszentrum sowie das *Palais-Café* (▶ Essen & Trinken).

Am Eingang zur Insel befindet sich das **Torhaus,** es ist das älteste Haus von Mirow, ein Renaissancebau aus dem Jahre 1588. Geht man rechts weiter durch den Park, kommt man über eine eiserne Brücke auf die so genannte **Liebesinsel.**

Schlossinsel 2a | Tel. (03 98 33) 26 99 55 | www.3koeniginnen.de | Apr.–Okt. tgl. 10–18 Uhr, Nov.–März Fr–Mo 10–16 Uhr

Arboretum Erbsland

Der Forstbotanische Garten Erbsland ist ein wiederentdecktes Kleinod sechs Kilometer nordöstlich von Mirow. 1780 war die Fläche noch Ackerland, auf dem von den Bauern des Dorfes Qualzow wahrscheinlich Erbsen angebaut wurden. 1887 wurde das Gebiet mit ausländischen Baumarten bepflanzt. Mit mehr als 30 noch vorhandenen Baumarten gehört Erbsland zu den ältesten forstlichen Versuchsflächen in Deutschland. Ein Besuch lohnt zu jeder Jahreszeit. Anreise: Von Mirow über die L25 bis Granzow, danach weiter Richtung Schillersdorf, auf Höhe des Kotzower Sees östlich in den Wald, das Arboretum ist ausgeschildert, die letzten 1,7 km sind nicht mit Auto befahrbar.

Führungen über Forstamt Mirow | Tel. (03 98 33) 2 61 90 | www.mirow.wald-mv.de

Baden

Strandbad an der Ostseite des Mirower Sees, direkt neben dem Strandhotel, Nichtschwimmerbereich, Tret- und Ruderbootverleih, Spielplatz.
Strandstraße 20

Verbindungen

Auto

Über die A 24 und A 19 bis Abfahrt 18 Röbel, von dort weiter über die B 198 oder aus Richtung Berlin auch ab Oranienburg über die B 96.

Bahn

Die Kleinseenbahn der Eisenbahngesellschaft Potsdam mbH fährt 6 mal tgl. vom Bahnhof Mirow (südöstlicher Stadtrand) über Wesenberg und Groß Quassow nach Neustrelitz.
Fahrplan unter Tel. (03 31) 27 97 83 91 |
www.egp-spnv.de

Bus

Von Neustrelitz über Userin, Roggentin, Granzow nach Mirow, 6 mal tgl.
www.vms-bus.de

Information

Touristeninformation Mirow

Zimmervermittlung, Rad- und Wanderkarten, Führungen über die Schlossinsel, Angelkarten, öffentlicher Internetzugang.
Schlossinsel 2a | 17252 Mirow |
Tel. (03 98 33) 2 75 67 |
www.klein-seenplatte.de

Übernachten

Hotel und Restaurant Alte Schlossbrauerei

Schöne Lage direkt am See. Kanuverleih, Bootsliegeplätze, Dampferanleger. Gewölberestaurant mit regionaler, leckerer Küche. Mittelaltermahl *Große Rittertafel* mit Varieté.
Schlossinsel 3 |
Tel. (03 98 33) 2 03 46 |
www.mirower-seehotel.de | €€

Strandhotel Mirow

Direkt am Mirower See, familiäres Hotel mit Ferienwohnungen, Bootshaus, Campingplatz, Fahrrad- und Bootsverleih. Restaurant: Chefkoch

Das frühere Kavalierhaus nennt sich heute 3 Königinnen Palais

Gasthof in Mirow

Rico Stegemann liebt frische, regionale Produkte und macht sogar das Eis selbst. Tipp: Krimidinner.
Strandstraße 20 | Tel. (03 98 33) 2 20 19 | www.strandhotel-mirow.de | €€

Aparthotel Seepanorama und Ferienpark Mirow
Riesige Ferienanlage im Ortsteil Granzow, nördlich von Mirow. Ferienhäuser, Appartements, Schwimmbad, Sauna, Beauty und Massagen, Fahrradverleih, Bootscharter, Restaurant *Zur Seerose*, SB-Markt.
Seestraße 7 | 17252 Mirow (OT Granzow) | Tel. (03 98 33) 6 00 | www.allseasonparks.de

Jugenherberge

DJH Mirow mit Zeltplatz
Am Westufer des Mirower Sees, ca. 3 km nördlich von Mirow. Behindertengerechte Zimmer, Bungalows, Zelte, Badestelle, Grillen.
An der Clön 2 | Tel. (03 98 33) 2 61 00 | www.jugendherbergen-mv.de

Camping

Kanustation Mirow
Direkt am Mirower See, 3 km nordwestlich von Mirow. Naturbelassen, ruhig, für sportlich Aktive. Seilgarten, Zeltverleih, Buscamp mit einfachen Schlafgelegenheiten in alten Doppeldeckerbussen, Kanu- und Kajakverleih, Imbiss in der Paddlerbude.
An der Clön 1 | Tel. (03 98 33) 2 20 98 | www.kanustation.de

Essen & Trinken

Palais-Café
Idyllisch am Mirower See, auch Lesecafé zum Schmökern über Königinnen und Mecklenburg. Sehr leckere Thementorten wie die Luisen-, Charlotten- oder Friederikentorte.
Schlossinsel 2a | Tel. (03 98 33) 26 99 55 | www.3koeniginnen.de | Apr.–Okt. tgl. 10–18 Uhr, Nov.–März Fr–Mo 10–16 Uhr

Gasthof Blaue Maus
Traditionslokal in 250 Jahre altem Fachwerkhaus, ehemaliger Fliegertreffpunkt, sehenswerte Einrichtung. Fisch- und Wildgerichte aus eigener Jagd, Terrasse, Ferienwohnung.
Schlossstraße11 | Tel. (03 98 33) 2 17 34 | www.gasthof-blaue-maus.de

Bistro Entenhausen
Am Granzower See direkt neben der Kanustation, nettes, preiswertes Restaurant mit regionaler Küche. Ferienwohnungen. Jeden Do Livemusik wie Folk, Swing, Soul oder Blues.
Seestraße 13 | Mirow (OT Granzow) | Tel. (03 98 33) 2 23 50 | www.bistro-entenhausen.de | Apr.–Okt.

Kaffeehus Kittendorf
Modernes Szenecafé mit selbst gebackenem Kuchen, belgischen Waffeln, Softeis und Kaffeespezialitäten.
Strelitzer Str. 28 | Tel. (03 98 33) 17 02 59 | www.kaffeehus-kittendorf.de

Einkaufen

Buchhandlung Schmitt's in Mirow
Peter und Grit Schmitt bieten in ihrem hübschen Laden Bücher, Geschenkartikel und Fotoservice an.
Rudolf-Breitscheid-Str. 10 | 17252 Mirow | Tel. (03 98 33) 17 03 01 | Mo–Fr 10–13 und 15–18, Sa 10–13 Uhr

Fischereihof Mirow
Am Südostende des Mirower Sees, südlich der Schlossinsel. Seit 1900 Fischerhof, Fischverkauf, Imbiss, Biergarten am Wasser, Angelkarten.
Mühlenstraße 21 | Tel. (03 98 33) 2 04 23 | www.fischerei-wesenberg.de

Aktivitäten

Angeltouren Mirow
Petri Heil! René Berndt ist Angelguide und bringt Sie hin, wo Sie garantiert Erfolg haben – Tag und Nacht. Auch Ferienhausvermittlung.
Tel. (01 57) 75 97 60 21 | www.angeltouren-mirow.de

Bowlingscheune
3 km südlich in Peetsch, Bowling, aber auch Eisdiele und hausgemachte Pizza und Pasta, Biergarten.
Peetsch 20 | Tel. (03 98 33) 2 08 87 | www.bowlingscheune-heise.de | Mai–Sep. ab 11 Uhr, Okt.–Apr. nach Vereinbarung

Fahrrad- und Kanuverleih

Zweirad Flitzer
Fahrradverleih, Verkauf und Reparatur, Motorrad- und Moped-Ersatzteile, Pannen- und Schlüsselnotdienst.
Rudolf-Breitscheid-Straße 12 | Tel. (03 98 33) 2 05 19 | www.zweirad-flitzer.de | Tgl. 9–18 Uhr

Kanustation Granzow
3 km nördlich an der Ostseite des Mirower Sees. Kanu- und Fahrradverleih, Biwakplatz, Bootsshuttle, Badestrand, Kanutouren.
Seestraße 11 | 17252 Mirow (OT Granzow) | www.kanustation-granzow.de

Müritz Kanu
Verleih und Verkauf von Kanus, Fahrradverleih, geführte Kanu- und Angeltouren, Bootsverleih.
Schlossinsel 3 | www.mueritzkanu.de

Schiffsausflüge

Mirower Schiffahrtsgesellschaft
5-Seen-Fahrt ins Seerosenparadies, 4-Seen-Fahrt Richtung Diemitzer Schleuse, 16-Seen-Fahrt mit Schleusung nach Rheinsberg.
Rotdornstraße | Tel. (03 98 33) 2 22 70 | www.schiffahrt-mueritz.de

Leppinsee

Südöstlich der Müritz und nördlich von Mirow liegt der zwei Kilometer lange See. Er bildet zusammen mit dem südlicher gelegenen **Granzower Möschen** das **Seerosenparadies**. Ideal für Kanuten: Nördlich geht es zur *Alten Fahrt* und weiter bis zur Müritz, südlich bis nach Mirow (Entdeckertour ▸ Seite 138).

Übernachten

Campingplatz am Leppinsee
Romantische Lage direkt am Leppinsee, an der Grenze zum Nationalpark, Bootsanleger, Bootsverleih.
Am Campingplatz | 17252 Roggentin (OT Schillersdorf) | Tel. (0 39 81) 2 47 90 | www.haveltourist.de | Apr.–Okt.

Aktivitäten

Paddel-Paul
Kanu- und Motorbooteverleih, geführte Kanutouren, Kanutaxi, Ferienwohnung, Badestrand, Imbiss.
Dorfstraße 1 | 17252 Roggentin | Tel. (03 98 29) 2 03 24 | www.paddel-paul.de | Mai–Okt. tgl. 9–18 Uhr

Wesenberg

Die kleine Ackerbürgerstadt liegt an der oberen Havel-Wasserstraße am Woblitzsee.

Unweit des hübsch sanierten Marktplatzes steht die Burg Wesenberg auf einem kleinen Hügel. Steigt man hinab zum Ufer, ist da ein schöner Spazierweg, der zu einem Wasserwander-Rastplatz und dem Biergarten am Hafen führt. Durch die Bahnanbindung ist Wesenberg ein günstiger Ausgangspunkt in den südlichen Müritz-Nationalpark sowie zu größeren Kanutouren entlang der Havelseen.

Steckbrief: Wesenberg

Offizieller Name: Staatlich anerkannter Erholungsort Wesenberg
Gründung: 1252
Verwaltung: Kleinstadt im Landkreis Mecklenburgische Seenplatte
Einwohner: 3 078 (Dez. 2015)
PLZ: 17255
Vorwahl: 03 98 32
Fläche: 89,43 km²
Geografische Lage: Am Woblitzsee, zwischen Mirow und Neustrelitz im oberen Havelgebiet
Wirtschaft: Tourismus

Bescheidene Ackerbürgerstadt

Gegründet 1252 von Fürst Nikolaus I. von Werle, wurde die Stadt schon knapp 20 Jahre später in einer Schlacht an Brandenburgische Markgrafen verloren. 1278 erhielt Wesenberg das Schweriner Stadtrecht. Dort wechselten häufig die Herren, mal auf der Mecklenburger, dann auf die Brandenburger Seite.

Auch die **Wassermühle** an der Schwaanhavel unterhalb des Woblitzsees, heute *Kanu-Mühle Wesenberg* (▶ Seite 114), wurde bereits im Mittelalter erwähnt. Pest und Brände verwüsteten die Stadt häufig, aber Sie gelangte immer wieder zu bescheidenem Wohlstand.

Einen Großbetrieb hatte der Ort nie. Es gab eine Schnapsbrennerei, das Dampfsägewerk, die Fischerei und kleinere Baubetriebe. Heute leben die Bürger vor allem vom Tourismus, trotzdem drehen sich die Uhren hier nicht so schnell wie andernorts.

Doch einmal im Jahr, Ende August, ist die ganze Stadt auf den Beinen, denn dann ist Fischerfest. Auf dem Fischereihof Wesenberg gibt es dann nicht nur leckeres Essen, sondern auch die beliebten Fahrten mit historischen Kähnen.

Sehenswertes

Burg Wesenberg

Die hübsch sanierte Burg mit imposantem Fangturm steht auf einem Berg südlich des Marktplatzes. Nikolaus von Werle ließ sie als Schutz vor den Brandenburger Markgrafen Anfang des 13. Jahrhunderts erbauen, verlor sie aber 1276 an eben diese. Der Turm bietet einen schönen Blick über Stadt und See. Im Burggebäude befindet sich die Touristinformation.

Burg 1 | 17255 Wesenberg

Fischereimuseum

Im Stallgebäude der Burg Wesenberg. Private Sammlung des Fischers Horst Bork, der seit 1958 Fang- und Arbeitsgeräte, Dokumente, Tierpräparate und Anderes sammelt. Interessanter Einblick in die Geschichte der Seenfischerei an der Oberen Havel.

Burg 1 | Tel. (03 98 32) 2 06 21 | Juni–Sep. tgl. 8–18 Uhr

St. Marienkirche
Der Turm ist von 1300, das Langhaus aus der Mitte des 14. Jahrhunderts. Die Orgel wurde 1717 für die Berliner Dorotheenstadt gebaut, kam aber 1833 nach Wesenberg. Die Stadtkirche steht nördlich des Marktplatzes, gegenüber ist ein schöner Eisladen.

Museum für Blechspielzeug
Kleine private Sammlung von Blechspielzeug und mechanischen Musikinstrumenten aus vielen Jahrzehnten in der *Villa Pusteblume*. Nicht nur für Kinder interessant. Im Garten kleines Café.
Burgweg 1 | Tel. (03 98 32) 2 13 05 | www.villa-pusteblume-wesenberg.de | Ostern–Okt. tgl. 13–17 Uhr, Di geschlossen

Baden
Strandbad am Südufer des Großen Weißen Sees, einen Kilometer westlich von Wesenberg. Großer Sandstrand, Volleyballfelder, nahe des Campingplatzes, Strandrestaurant.
Am Weißen See | Tel. (03 98 32) 2 04 05

Verbindungen
Bahn
Die Kleinseenbahn fährt 6 mal tgl. zwischen Mirow und Neustrelitz über Zirtow, Weißer See, Wesenberg, Groß Quassow. Der Bahnhof liegt am westlichen Stadtrand.
www.egp-spnv.de

Bus
Es halten die Linien 649 und 650 aus Neustrelitz, Mirow oder Rheinsberg.

Information
Touristinformation
Zimmervermittlung, Rad- und Wanderkarten, Burgführungen, Angelkarten, Wesenberger Burgladen.
Burg 1 | 17255 Wesenberg | Tel. (03 98 32) 2 06 21 | www.klein-seenplatte.de

Übernachten
Familotel Borchard's Rookhus
3 km nördlich von Wesenberg. Mitten im Wald, am Großen Labussee. Ohne Kinder geht hier nichts! Belieb-

Blick auf den Burghof der Burg Wesenberg

tes 4-Sterne-Hotel für Familienurlaub. Animation für Kinder ab Babyalter, Kurse, kindgerechte, gesunde Ernährung, Streichelzoo, viele Spielplätze. Sehr engagiertes Team. Mehrere Restaurants, Showküche, Weinkeller. Rad- und Kanuverleih.
Am Großen Labussee 12 | Tel. (03 98 32) 5 00 | www.rookhus.de | €€€

Hotel und Restaurant Zum Löwen
10 km südlich von Wesenberg, im OT Strasen. Direkt am Havelkanal neben der Schleuse, in einer alten Wassermühle aus dem 17. Jahrhundert. Familiär geführtes 3-Sterne-Haus. Sauna, Rad- und Kanuverleih. Restaurant: mecklenburgische Küche.
Schleusengasse 11 | 17255 Wesenberg (OT Strasen) | Tel. (03 98 28) 2 02 85 | www.loewenhotel.de | €€

Ars Vivendi
Ebenfalls in Strasen: Ganzheitlicher Gesundheitsurlaub, Kultur, Erlebnisgastronomie, alles in der ehemaligen Scheune. Stilvolle Zimmer, Restaurant mit saisonaler, leichter Küche. Terrasse, Garten, eigener Badestrand an der Großen Flake, Massagen, Gesundheits-Seminare, Galerie.
Pelzkuhler Straße 17a | 17255 Wesenberg (OT Strasen) | Tel. (03 98 28) 2 65 81 | www.arsvivendi-strasen.de | €€

Ferienhäuser & -wohnungen

Villa Pusteblume
Vier komfortable Ferienwohnungen, eine behindertengerecht, im Zentrum von Wesenberg, nahe der Burg. Im Sommer selbst gebackener Kuchen im hübschen Kaffeegarten.
Burgweg 1 | Tel. (03 98 32) 2 13 05 | www.villa-pusteblume-wesenberg.de | Kaffeegarten tgl. (außer Di) 13–17 Uhr | €

Kanu-Mühle Wesenberg
Ehemalige Wassermühle an der Schwaanhavel am unteren Woblitzsee, 1 km östlich des Stadtzentrums. Minizeltplatz, spartanische Holzhäuser und Ferienwohnungen, zwei Bootshäuser mit etwas mehr Komfort, Kanuverleih, Kurse, geführte

Wasserwander-Rastplatz in Wesenberg

Touren. Kinder willkommen!
Havelmühle 1 | Tel. (03 98 32) 2 03 50 | www.kanu-muehle.de | €

Ferienanlage Labussee
Nördlich von Wesenberg in Klein Quassow. Einfache, traditionelle Ferienanlage, schön gelegen zwischen Havel und Labussee, Ferienwohnungen und -häuser, Zeltplatz, Fahrrad-, Kanuverleih, Grillplatz. Gaststätte Labussee: Heimische Küche.
Klein Quassow 1 | Tel. (03 98 32) 2 04 88 | www.labussee.de | €

Camping

Rund um Wesenberg gibt es eine Vielzahl von Campingplätzen, auch auf dem Wasserwander-Rastplatz am Hafen darf gecampt werden.

Allein neun Campingplätze betreibt der Veranstalter Haveltourist, z. B. **Camping am Weißen See** – motorbootfreier, separater See, Wohnmobile, Zelte, Mietwohnwagen, Imbiss, Strandrestaurant *Am Weissen See*.
Am Weißen See 4 | Tel. (0 39 81) 2 47 90

FKK-Camping am Rätssee – Dauercamper, Wohnmobile, Zelte, Bootsverleih, Verbindung zu anderen Seen.
Fleether Mühle 4 | Tel. (03 98 33) 2 20 95 | www.ferienidyll-am-raetzsee.de

Campingplatz „Ihr Familienpark" am Kleinen Labussee
Unabhängiger, familienfreundlicher Campingplatz im Wald, an der Havel-Wasserstraße, Bungalows, Ferienzimmer, Appartements, Wohnwagen, Zelte, Fahrrad-, Ruderboot- und Kanuverleih, Lagerfeuer, Grillabende.
Am Kleinen Labussee 1b | Tel. (03 98 32) 2 05 25 | www.ihr-familienpark.de

Essen & Trinken

Biergarten Am Hafen
Unterhalb der Burg Wesenberg, direkt am Hafen. Biergarten mit deftigem Imbiss: Kesselgulasch, Soljanka, Fischbrötchen, frisch gezapftes Bier, am Wochenende auch Musikveranstaltungen.
Am Hafen | Tel. (03 98 32) 2 14 33 | www.altes-hospital.de | Apr.–Okt. 11–18 Uhr, im Sommer länger

Café Wesenberg
Kleines Café gegenüber der Kirche. Traditionsunternehmen Bäcker Reinhold, der nicht nur leckere Torten, Kuchen und selbst gemachtes Eis anbietet, sondern auch noch richtiges Landbrot mit „echten" Zutaten.
Hohe Straße 20 | Tel. (03 98 32) 2 10 08 | www.baecker-reinhold.de | Mo–Fr 6.30–18, Sa 6.30–11 und 13.30–17, So 7–10.30 und 13.30–17 Uhr

Restaurant Woblitz Welle
Wunderschön gelegen, an der Woblitz mit Blick zum Woblitzsee, Alpakazucht, Sauna, Mecklenburger Küche.
Am Hoben 12 | Tel. (03 98 32) 2 66 44 | www.woblitz-welle.de | Nov.–März Mo/Di 17–22, Mi Ruhetag, Do–So 17–22 Uhr, Mai–Okt. 12–22 Uhr

Gourmethof Below
Hofladen und Restaurant, östlich von Wesenberg. Bio-Rindfleisch aus eigener Produktion. Modern, frisch, regional, herzliche Atmosphäre, Konzerte, Catering.
Belowerstraße 2 | Tel. (03 98 32) 2 65 82 | www.gourmethof.de | Mi–Fr ab 17, Sa/So ab 11 Uhr, Juli/Aug. tgl. ab 11 Uhr

Aktivitäten

Malworkshops im knAppTELIER
Kreative Malkurse für Kinder und Erwachsene im Atelier oder Tagesworkshops in freier Malerei bei einer Bootstour. Voranmeldung erwünscht.
Am Hoben 3 | Tel. (0 15 25) 4 75 54 24 | www.knapptelier.de

Die Räucherkate am Hexenwäldchen in Blankenförde

Marina Wesenberg
Bootsliegeplatz, Kanu- und Kajakverleih, Bistro, Wohnmobilstellplatz und Campingplatz, Brötchenservice, Bootswerkstatt.
Ahrensberger Weg 11 | Tel. (03 98 32) 2 60 23 | www.marina-wesenberg.de

Fahrrad- & Kanuverleih
Einzelhandel, Zubehör-Shop, Werkstatt, Fahrradverleih.
Kurt Rehfeldt | Hohe Straße 9 | Tel. (03 98 32) 2 04 30 | Mo–Fr 9–12 und 15–17, Sa 10–12 Uhr

Tante Polly Floßconnection
Floßverleih und -touren, geführte Angeltouren, Kanus sowie FeWos.
Prieperter Landstraße 18 | Tel. (03 98 28) 2 64 49 | www.tantepolly.de

Jahn's Bootsvermietung
Direkt am Hafen von Wesenberg, Kanadier- und Kajakverleih, zwei einfache Ferienwohnungen.
Vor dem Mühlentor 13 | Tel. (03 98 32) 2 05 68 | www.jahns-bootsvermietung.de

Schiffsausflüge

Mirower Schiffahrtsgesellschaft
Mai bis August Überfahrt nach Neustrelitz, 3-Seen-Fahrt mit Schleusung. Abfahrt nördlich des Hafens.
Tel. (03 98 33) 2 22 70 | www.blau-weisse-flotte.de

Einkaufen

Fischereihof Wesenberg
Etwa 1 km östlich des Hafens am Südende des Woblitzsees. Seit 1900 Fischerhof. Fischverkauf, Imbiss, Bootsliegeplätze, Angelkarten.
Fischereihof 14 | Tel. (03 98 32) 2 02 68 | www.fischerei-wesenberg.de | Juni–Aug. tgl. 8–19 Uhr, Apr.–Okt. tgl. 8–18 Uhr, Nov.–März Mo–Fr 8–18, Sa 8–12.30 Uhr

Wesenberger Muttelstübchen
Hübscher Laden mit traditionellem Flair. Spielzeug, Ferienbedarf und kleine Geschenke.
Mittelstraße 10 | Tel. (03 98 32) 2 16 21

Kleinseenplatte nördlich von Wesenberg

Nördlich von Wesenberg befinden sich viele kleine, idyllische Seen, zusammengefasst als Kleinseenplatte. In der ganzen Region gibt es zahlreiche Campingplätze und Ferienparks, aber auch Fischerhöfe und Kanustationen. Viele der Seen sind über die Havel miteinander verbunden und somit hervorragend geeignet für eine Kanutour (▸ Seite 140).

Übernachten & Essen

Ferienpark Havelberge
Am Nordufer des Woblitzsees, nahe der Havel. Große Anlage mit Wohnwagen, Zelten, Bootsverleih & -kursen, Tipi-Lager, Sauna, Spielplätzen, Animationsprogramm, Sandstrand mit Liegewiese, Waldhochseilgarten etwa 500 Meter weiter westlich. Restaurant mit Terrasse und Biergarten.
An den Havelbergen 1 | Userin (OT Groß Quassow) | Tel. (0 39 81) 24 79 0 | www.haveltourist.de | Tgl. 8–22 Uhr

Raus ins Grüne
Rundumsorglospakete für naturnahe Urlaube: Ferienwohnungen, Café *Havel-Schlemmerstopp* mit Atelier, Nationalparkladen, Kfz-Werkstatt.
Dorfstraße 21 | Mirow (OT Blankenförde) | Tel. (03 98 29) 2 25 62 | www.raus-ins-gruene.de

Campingplatz Zum Hexenwäldchen
Schöner, ruhiger und familiär geführter Naturcampingplatz, direkt am Jamelsee mit Kanuverleih.
Blankenförde 1a | Mirow (OT Blankenförde) | Tel. (03 98 29) 2 02 15 | www.hexenwaeldchen.de | Juni–Sep. tgl. 11.30–21 Uhr

Räucherkate am Hexenwäldchen
Hausmannskost, 300 Meter vom *Campingplatz Zum Hexenwäldchen*.
www.hexenwaeldchen.de

Auf dem Campingplatz Zum Hexenwäldchen gibt es einen Kanuverleih

★ Neustrelitz

Die ehemalige Residenzstadt der Herzöge von Mecklenburg-Strelitz ist eine Perle für Architekturfreunde. Einmalig in Europa ist die sternförmige Stadtanlage aus dem Spätbarock, in der eine Vielzahl prächtiger Bauwerke zu bewundern sind.

Stadt mit italienischem Flair

Neustrelitz liegt am Ende der Oberen Havel-Wasserstraße am Zierker See, welcher eine Sackgasse bildet. Besonders reizvoll ist es in den Abendstunden, wenn die Wasserwanderer über den Kammerkanal heraufkommen und die Sonnenuntergänge hier an Italien erinnern.

Durch die günstige Bahnanbindung ist Neustrelitz für viele Radfahrer ein Startpunkt an die Mecklenburgische Seenplatte oder auf dem Radweg Berlin–Kopenhagen.

Im Sommer lockt der Hafen mit modernen Cafés, Restaurants und vielen Musikveranstaltungen.

Vom Barock geprägt

Die Gründung von Neustrelitz wäre ohne das „alte" Strelitz nicht möglich gewesen. Der Ursprung liegt also im südlichen Teil der heutigen Stadt. 1994 offiziell in „Strelitz-Alt" umbenannt, heißt es umgangssprachlich weiter Altstrelitz.

1349 erhielt Strelitz das Stadtrecht. Nach dem Hamburger Vergleich im Jahre 1701 entschied sich Herzog Adolf Friedrich II. für Strelitz als Residenzort. Doch dieser Glanz währte nicht lange. 1712 brannten das Strelitzer Schloss und alle Gebäude ringsum aus. Schließlich erließ Großherzog Adolf Friedrich III. im Jahre 1733 einen Gründungsaufruf für eine neue Stadt, die Neustrelitz heißen sollte. Strelitz war nun Altstrelitz und wurde 1931 eingemeindet.

Auf dem Gelände des abgebrannten Schlosses baute man 1805 ein Zuchthaus, das auch Landesarbeits- und Irrenanstalt war. Bis 2001 saßen dort Gefangene hinter Gittern. Berühmte Gäste gab es auch: 1944 kam Rudolf Ditzen alias Hans Fallada in den „Maßregelvollzug", nachdem er im Drogenrausch auf seine Frau geschossen hatte. Im Altstrelitzer Gefängnis schrieb er eine Reihe von Kurzgeschichten und seinen Roman *Der Trinker,* sowie Erfahrungsberichte über den NS-Staat.

Neustrelitz dagegen strahlte hell und pompös. Anfang des 18. Jahrhunderts begann das Baugeschehen für eine barocke Planstadt nach italienischem Vorbild. In der Mitte steht noch immer der **Marktplatz** (▸ Seite 120), von dem acht Straßen sternförmig geradeaus verlaufen. Eine davon ist die Schlossstraße. Sie führt zur **Orangerie** (▸ Seite 122) und zum schönen **Schlossgarten** mit der Ge-

Steckbrief: Neustrelitz

Offizieller Name: Neustrelitz
Gründung: 1733
Verwaltung: Mittelstadt im Landkreis Mecklenburgische Seenplatte
Einwohner: 20 504 (Dez. 2015)
PLZ: 17235
Vorwahl: 0 39 81
Fläche: 138,15 km²
Geografische Lage: Am Zierker See, 117 km nördlich von Berlin, 237 km östlich von Hamburg
Wirtschaft: Instandhaltungswerk für Eisenbahnen, Frachtpostzentrum, Zentrum für Luft- und Raumfahrt, Landeszentrum für Erneuerbare Energien (Leea), Tourismus

◂ *Der Hebetempel im Schlosspark stammt vom barocken Baumeister Friedrich Wilhelm Buttel*

dächtnishalle für die Prinzessin von Mecklenburg-Strelitz, der späteren preußischen Königin Louise.

Das **Schloss** selbst wurde im Zweiten Weltkrieg zerstört und danach abgetragen. Der Grundriss ist heute mit weißen Steinen am Boden markiert.

Nach dem Ende der Monarchie war Neustrelitz von 1919 bis 1933 Landeshauptstadt des Freistaates Mecklenburg-Strelitz. 1934 wurden die bis dahin selbstständigen Länder Mecklenburg-Strelitz und Mecklenburg-Schwerin zum Land Mecklenburg vereint. Neustrelitz verlor den Titel Landeshauptstadt an Schwerin. Ab 1945 war Neustrelitz nur noch Kreisstadt im Bezirk Neubrandenburg.

Nach der Wende mussten in Neustrelitz mehrere Großbetriebe schließen. Die Stadt verlor innerhalb weniger Jahre 25 Prozent ihrer Einwohner. Die Neuordnung schien nicht ganz einfach zu sein. Von 1990 bis 1994 war Neustrelitz Kreisstadt im Landkreis Neustrelitz, danach hieß der Kreis wieder Mecklenburg-Strelitz.

2011 gab es eine erneute Gebietsreform. Kreisstadt wurde Neubrandenburg und Neustrelitz bekam den Sitz des Sozial-, Jugend- und Gesundheitsamtes, nun im neuen Landkreis Mecklenburgische Seenplatte.

Sehenswertes

Marktplatz

Mittelpunkt der barocken Stadtkonstruktion von Julius Löwe. In der Mitte ist ein Rondell, das 1866 neu gestaltet wurde mit dem Standbild Großherzog Georgs. Es musste 1956 einem sowjetischen Ehrenmal weichen, dieses wiederum wurde 1995 entfernt. 2004 wurde der Platz mit Wasserspielen neu gestaltet, seit 2010 steht am Rand ein Denkmal für Löwe.

Stadtkirche

Sie dominiert mit ihrem Turm den Marktplatz. 1768 war die Grundsteinlegung für einen Saalbau, 1831 erfolgte der Umbau durch Baumeister Buttel. Eine Turmbesteigung wird mit einem tollen Ausblick belohnt.

Eingang über den Eine-Welt-Laden in der Stadtkirche, Glambecker Straße | Di/Do/Fr 14–18, Mi 10–18, Sa 10–12 Uhr

Rathaus

Direkt am Marktplatz gelegener spätklassizistischer Bau im Tudorstil nach Plänen von Friedrich Wilhelm Buttel 1831. Später brannte er teilweise aus und wurde zur Strelitzer Straße hin erweitert. Heute beherbergt er das Bürgerbüro, Kreisämter sowie die Stadtverwaltung.

Markt 1 | Tel. (0 39 81) 25 30

Strelitzien-Denkmal

Riesige, silberfarbene Blechblume von René Winter aus dem Jahre 2008. Sie bedeutet den Neustrelitzern sehr viel, erinnert sie doch an die Mecklenburg-Strelitzer Prinzessin Sophie Charlotte, spätere Königin von England und begeisterte Botanikerin. Ihr zu Ehren benannte man eine Paradiesvogelblume Strelitzia Reginae.

Im Kreisverkehr Useriner Straße/Seestr.

Schlosskirche

Wäre es nach Baumeister Buttel gegangen, wäre die Kirche noch größer geworden. Ihm schwebte ein riesiger Bau vor, doch Herzog Georg mahnte zur Bescheidenheit. Vielleicht auch, weil die Kirche das Schloss daneben nicht dominieren sollte. Nach vierjähriger Bautätigkeit wurde die Kirche 1859 geweiht. Die zwei hohen Türme in der Mittelfront betonen Buttels Vorliebe für die Neogotik.

Hertelstr. 2 | Tel. (0 39 81) 34 95 52 oder (0 39 81) 23 92 62 | Di-So 11–18 Uhr

Die Baumeister Löwe & Buttel

Über Anfang und Ende des Lebens von **Julius Löwe,** der ursprünglich aus dem Braunschweigischen kam, ist wenig bekannt. Sein erstes Projekt war 1721 der **Tiergarten** neben dem **Jagdschloss Glienicke.** 1724 plante er die **Marienkirche** in Strelitz und zwei Jahre später begann der Ausbau des **herzoglichen Schlosses.** Aus Glienicke wurde Neustrelitz. Da der Herzog auch die Behörden und seine Beamten in der Nähe haben wollte, schwebte ihm eine **italienische Planstadt** vor. Das war wegen des unebenen Geländes nicht ganz einfach, doch Löwe realisierte die spätbarocke Stadtanlage mit Bravour.

Später arbeitete er an den **Schlössern Mirow** und **Fürstenberg,** danach verliert sich seine Spur in Mecklenburg-Strelitz. Am Marktplatz erinnert ein Denkmal an Löwe und seine Planstadt.

Friedrich Wilhelm Buttel ist der Schöpfer der **Schlosskirche.** 1821 kam er nach Neustrelitz und wurde Hofbaumeister. Großherzog Georg war für seine rege Bautätigkeit bekannt und verlangte ihm viel ab. Er war verantwortlich für eine große Zahl an Bauten, wie das neue **Rathaus** am Marktplatz oder die **Orangerie.** Buttel liebte verspielte Türme und die gotische Formsprache. Das sieht man schön am **Kloster Malchow** und an der Schlosskirche Neustrelitz. Zudem war er auch verantwortlich für zahlreiche **Gutshäuser,** den **Kammerkanal,** den **Hebetempel** und den **Alten Kornspeicher** am Stadthafen.

Seine Pensionierung war mehrfach verschoben worden und nach dem Tod seiner Frau nahm er sich, völlig entkräftet, das Leben. Sein Mausoleum steht auf dem Waldfriedhof in Neustrelitz.

Einer von Buttels zahlreichen Prachtbauten: das Rathaus in Neustrelitz

Am Neustrelitzer Marktplatz steht das Rathaus im Tudor-Stil von 1831

Schlossgarten
Zwar brannte das Schloss 1945 nieder, im Park sind aber noch Skulpturen, die Orangerie, das Kavaliershaus und der Hebetempel zu sehen. Dieser wurde 1840 von Buttel errichtet und zeigt Hebe, die Göttin der Jugend. Ebenfalls sehenswert: der Luisentempel im nordwestlichen Teil. Er wurde als Grabdenkmal für Königin Louise von Preußen errichtet.

Orangerie
Wunderschöner Prunkbau am östlichen Rand des Schlossparks. Er wurde 1755 als Pflanzenhaus errichtet, 1840–1842 dann von Friedrich Wilhelm Buttel umgebaut. In dem einstöckigen Bau befinden sich drei Säle in den Mecklenburgischen Landesfarben: gelb, blau, rot. Sie sind mit Wandmalereien im pompejanischen Stil verziert. Heute ist die Orangerie Veranstaltungsort und Gastronomieeinrichtung.
An der Promenade 22 | Tel. (0 39 81) 23 74 87 | www.orangerie-neustrelitz.de

Tiergarten
Schöner Tierpark auf 48 Hektar mit 450 Tieren, begehbaren Gehegen, Spielplatz, Bistro. Das Gelände wurde im Jahre 1721 von Julius Löwe angelegt. Das große **Tor** am Eingang wurde 1826 von Buttel gestaltet, die **bronzenen Hirsche** stammen vom Bildhauer Christian Daniel Rauch.
Am Tiergarten 14 | Tel. (0 39 81) 20 44 90 | www.tiergarten-neustrelitz.de | Tgl. 9–16, Apr./Okt. bis 17 Uhr, Mai/Sep. bis 18 Uhr, Juni–Aug. bis 19 Uhr

Leea
Landeszentrum für erneuerbare Energien mit Erlebniszentrum. Wechselnde Ausstellungen, Mitmachprojekte, Bistro, Souvenirshop.
Am Kiefernwald 1 | Tel. (0 39 81) 4 49 01 00 | www.leea-mv.de | Mi–So 11–17 Uhr, Mo/Di nach Absprache

Slawendorf
Südlich von Neustrelitz, am Ufer des Zierker Sees. Auf 1,4 Hektar kann man den originalgetreuen Nachbau

eines Slawendorfes sehen. Viele Mitmachaktionen für Kinder wie Weben, Töpfern, Kerzen ziehen, Schmieden, Schnitzen, Boot fahren. Dorfladen, Speis und Trank.
Franzosensteg | Tel. (0 39 81) 23 75 45 | www.slawendorf-neustrelitz.de | Apr.–Okt. Mo–Fr 10–17 Uhr

Baden

Das **Neustrelitzer Strandbad** liegt am Glambecker See, mitten in der Stadt, nördlich des Marktes. Einwandfreie Wasserqualität, Imbiss/Restaurant *Am Glammi:* deutsch-italienisch.
Adolf-Friedrich-Straße 11 | Tel. (0 39 81) 2 39 98 84 | 11–21 Uhr

FKK-Badestelle am südlichen Ufer des Großen Lanz in Strelitz-Alt.

Weiterer beliebter Badesee ist der **Große Prälanker See** westlich des Zierker Sees. Die Badestelle befindet sich am Südufer.

Am Zierker See besteht seit 1960 Badeverbot!

Verbindungen

Auto

A 24 und A 19 bis Abfahrt 18 Röbel, aus Richtung Berlin kommend auch ab Oranienburg über die B 96.

Bahn

IC München–Neustrelitz–Rostock, RE Berlin–Neustrelitz–Stralsund bzw. Rostock, RB Neustrelitz–Mirow.

Information

Tourist- & Nationalparkinformation

Zimmervermittlung, Wander- und Angelkarten, Souvenirs, Tickets. Ausgangspunkt für Stadtführungen.
Strelitzer Straße 1 | 17235 Neustrelitz | Tel. (0 39 81) 25 31 19 | www.neustrelitz.de

Stadtrundfahrt Strelitz-Trolli

Neustrelitzer Stadtkleinbahn – 45 Minuten Nonstop-Stadtrundfahrt zu den Sehenswürdigkeiten.
Tourist- und Nationalparkinformation | Strelitzer Straße 1 | Tel. (0 39 81) 25 31 19

Übernachten

Hotel Alter Kornspeicher 1

Direkt am Hafen gelegener Speicher, entworfen von Baumeister Buttel. Sympathisches, familiengeführtes Haus mit schönem Ambiente im modern-maritimen Landhausstil. Eigene Kaffeerösterei und riesige Torten im Café *Bohn Aparte*. Restaurant *WildWasser* mit Terrasse – frische, regionale Küche auf hohem Niveau.
Am Stadthafen 5 | Tel. (0 39 81) 2 62 96 46 | www.alterkornspeicher.de | €€–€€€

Hotel Schlossgarten 2

Zentrale Lage am Tiergarten. Adliges Wohnhaus von 1820. Sehr liebevoll im Stil des Klassizismus eingerichtet, lauschiger Garten, schönes Restaurant, Gelbes Gewölbe (Kleiner Saal) mit Kabarett oder Dinnertheater. Partnerhotel der *Tour de Müritz*.
Tiergartenstr. 15 | Tel. (0 39 81) 2 45 00 | www.hotel-schlossgarten.de | €€

FOTOart Hotel Klaffke

Kreatives, kleines Hotel in Strelitz-Alt. Treffpunkt für Fotofreunde, Radler, Biker mit Galerie. Fotoworkshops, Grillabende. Guter Ausgangspunkt auf dem Weg Berlin–Kopenhagen.
Alte Mühlenstr. 14 | Tel. (0 39 81) 24 40 81 | www.pension-klaffke.de | €

Alte Kachelofenfabrik

Industriedenkmal in der Nähe des Hafens. Öko-Hotel, Gästehaus, Ferienhäuser. Moderne, schlichte Appartements und Zimmer. Gleichzeitig Veranstaltungsort mit Kino, Galerie, Lesebühne, Musik. Restaurant mit regionaler Küche, Gartenlokal, Kneipe.
Sandberg 3a | Tel. (0 39 81) 20 31 45 | www.basiskulturfabrik.de | €

Camping

Camping Am Kluger See

Familiärer kleiner Campingplatz mit Ruderbootvermietung, Badestelle.

Dorfstr. | Neustrelitz (OT Klein Drebbow) | Tel. (0 39 81) 4 89 93 89 | www.camping-kluger-see.de

Essen & Trinken

Quer Beet

Restaurant und Bar in der alten Schlossgärtnerei, regionale Bio-Küche, Produkte zum Teil aus eigenem Anbau. Burger, Wildkräutersalate, Saisonales oder auch Veganes.

Useriner Str. 9 | Tel. (0 39 81) 4 98 04 57 | www.querbeet-restaurant.de | Sep.–Apr. Di–Fr 16–22, Sa/So 11–22 Uhr, Mai–Aug. Di–So 11–22 Uhr

Fürstenhof 1

Schönes, kleines Restaurant mit Terrasse direkt am Markt. Frisch und regional, thematische Weinabende.

Markt 3 | Tel. (0 39 81) 20 47 74 | www.fürstenhof-neustrelitz.de | Di–Fr ab 17.30, Sa/So 12–14.30 und ab 17.30 Uhr

Inselgaststätte Helgoland 2

Kleine private Insel am Hafen, seit 1911 Ausflugslokal, mit Seeblick. Mecklenburgische Küche, Preis-Leistungs-Verhältnis gut, beliebte Tanzgaststätte. Außerdem seit 1960 Inseltheater mit engagierter 70-köpfiger Laienspielgruppe.

Am Hafen 1 | Tel. (0 39 81) 20 04 30 | www.inselgaststaette-helgoland.de | Sommer 12–22 Uhr, Winter Di/Mi geschlossen

Forsthaus Strelitz

7 Kilometer südlich vom Zentrum, am Waldrand. Stilechtes Forsthaus von 1912, sympathische Gastgeber. Hofladen, Pension und Restaurant. Idyllische Gartenterrasse. Wild, frischer Fisch, leckere Desserts. Honig, Brot, Marmeladen aus eigener Herstellung.

Berliner Chaussee 1 | Tel. (0 39 81) 44 71 35 | www.forsthaus-strelitz.de | Di–So 12–22 Uhr

Einkaufen

Likörmanufaktur Bahr

Selbst gemachte Liköre wie der Mecklenburger Traditionslikör *Alte Kalmüser* aus der Kalmuswurzel, dazu Keramik, Tees und Kerzen.

Strelitzer Str. 47 | Tel. (0 39 81) 23 75 31 | www.likoermanufaktur-bahr.de

Pension WEIN-WELT-LADEN

Engagiertes Gesamtprojekt in der Nähe des Schlossparks. Große Auswahl an Weinen und fair gehandelten Produkten, 2 Appartements für 4–5 Personen sowie Mo–Fr 12–14.30 Uhr preiswerter Mittagstisch.

Seestraße 37 | Tel. (0 39 81) 3 49 42 80 | www.wein-welt-laden.de

Holzlädchen

Qualitätsspielzeug, Deko- und Geschenkartikel.

Strelitzer Straße 9 | Tel. (0 39 81) 23 93 34 | www.holzlaedchen-neustrelitz.de

Königsmann

Probieren geht über studieren! Engagierter Laden mit großer Auswahl an Hochprozentigem und Zigarren. Verkauf, Verkostungen, Internetshop.

Strelitzer Str. 52 | Tel. (0 39 81) 20 50 97 | www.signatory-shop.de

Buchhandlung Wilke

Schöner, übersichtlicher Buchladen.

Strelitzer Str. 8 | Tel. (0 39 81) 20 50 63 | www.buchwilke.de

Kunst & Kultur

Landestheater Neustrelitz

Seit 1775 ist das ehemalige Reithaus am Schlossgarten Hoftheater, brannte zwei Mal ab und wurde nach alten Plänen wieder aufgebaut.

Friedrich-Ludwig-Jahn-Straße 14 | Tel. (0 39 81) 20 64 00 | www.theater-und-orchester.de

Festspiele im Schlossgarten
Auf dem Schlossberg in Neustrelitz, riesiges Open-Air-Spektakel, meistens aufwendig und bunt gestaltete Operette im gesamten Juli.
Kartenservice: Tel. (0 39 81) 20 64 00 | www.theater-und-orchester.de

Basiskulturfabrik
Kulturzentrum in der alten Kachelofenfabrik nahe des Hafens. Kneipe: Sonntags Public Viewing *Tatort*, Galerie: Ausstellungen und Lesungen, Kino: ausgewählte Filme. Gartencafé, Öko-Hotel und Appartements.
Sandberg 3a | Tel. (0 39 81) 20 31 45 | www.basiskulturfabrik.de

Kulturquartier Mecklenburg-Strelitz
In der denkmalgerecht sanierten Kaiserlichen Post ist ein moderner Ort der Kommunikation und der Geschichte des Landes Mecklenburg-Strelitz entstanden. Museum und Ausstellungen, Stadtbibliothek, Karbe-Wagner-Archiv, großer Garten.
Schloßstr. 12/13 | Tel. (0 39 81) 2 39 09 99 | www.kulturquartier-neustrelitz.de | Dauerausstellung tgl. 10–18 Uhr

Aktivitäten

Fahrradcenter Ballin
500 Meter nördlich vom Hafen. Fahrradverleih, Verkauf und Reparatur von Fahrrädern und Nähmaschinen.
Zierke 36 | Tel. (0 39 81) 20 30 44 | www.fahrradcenter-ballin.de | Mo–Fr 9–13, 14–18, Sa 9–12 Uhr

Schiffsausflüge

Mirower Schiffahrtsgesellschaft
Die Blau-Weisse Flotte lädt zu romantischen Rund- & Tagesfahrten ein, z. B. Zierker Seen Rundfahrt, 2-Seen- und Schleusenfahrt, 5-Seen-Rundfahrten. Ab Neustrelitz Stadthafen. Tickets an Bord, beim Hafenmeister oder über:
Tel. (03 98 33) 2 22 70 | www.blau-weisse-flotte.de

Das Eingangstor zum Tiergarten wird von zwei Hirschen flankiert

Im Frühjahr blühen leuchtend gelbe Rapsfelder in der Müritz-region, wie hier bei Gotthun ▸ Seite 82

Entdeckertouren

Tour 1: Wanderung von Waren (Müritz) zum Müritzhof

Tour im Überblick

Charakteristik: Meist auf unbefestigten Wegen von wechselnder Beschaffenheit, auch für Fahrräder geeignet

Start: Waren (Müritz)

Ziel: Waren (Müritz)

Strecke: Waren/Nationalparkeingang Specker Straße – Warnker See – Müritzhof und zurück

Entfernung: ca. 15 km

Dauer: 3–4 Stunden

Tipp: Verlängerung der Tour durch geführte Wanderung mit Nationalparkrangern um den Müritzhof

Die beliebte Wanderung zum Müritzhof ist der Klassiker im Müritz-Nationalpark. Sie führt durch Wald und Wiesen und mit etwas Glück kann man auch Seeadler sehen.

Die Tour beginnt in Waren an der Bushaltestelle Specker Straße (Stadtbus-Linine 2 und 3). Wir gehen die Straße bis zur Nationalparkinformation (▸ Seite 58). Hinter dem großen Holzschild kommt eine Weggabelung, an der wir leicht rechts abbiegen und dem Weg, der mit der **Lila Glockenblume** markiert ist, folgen. Nach einigen 100 Metern fällt der Weg allmählich ab und führt aus dem Wald raus, rechts liegt die Pension *Zur Fledermaus.*

Unser Weg führt uns geradeaus am Waldesrand entlang. Auf der linken Seite liegt der **Teufelsbruch** mit abgebrochenen Birken, der zur Kernzone des Müritz-Nationalparks gehört und nicht betreten werden darf. Dahinter erahnt man den kleinen **Moorsee.** Kurze Zeit später führt jedoch ein kleiner Weg an einen Beobachtungspunkt am benachbarten **Warnker See.** Hier sammeln sich im Herbst viele tausend Kraniche (▸ Seite 66). Der Weg führt weiter am See entlang, doch bevor man ihn umrundet, geht es rechts auf den **Rehweg.** Am Rand eines Kiefernwäldchens geht es weiter geradeaus. Rechts liegen eine Weidewiese und das **Spukloch**, ab und an kann man die **Müritz** hindurchschimmern sehen. Hier weiden Shetlandponys, Gotlandschafe und Fjällrinder. Bald sieht man links bergan den **Müritzhof** (▸ Seite 63). Wer möchte, kann von hier eine geführte Wanderung in die **Wacholderheide** und zum Spukloch unternehmen. Eine schöne Terrasse lädt zum Verweilen ein. Zu sehen ist außerdem eine Ausstellung zur Geschichte des Naturschutzes an der Müritz.

Auf dem Rückweg gehen wir zunächst wieder Richtung **Warnker See,** Wegmarkierung ist das Reh. An einer Weggabelung folgen wir dem Glockenblumenweg, diesmal am Ostufer des Sees entlang, wo es auch ein Beobachtungshäuschen gibt. Eine Abkürzung führt rechts ab auf den festen Hauptweg, der links zur Specker Straße führt. Weiter entlang des Teufelsbruchs gelangen wir wieder zur Pension *Zur Fledermaus.*

= Haltestelle Nationalparkbus
108
192
Waren (Müritz)
Tour 2 Start
Tour 1 Start
Waren
Kargow
Godow
Groß Dratow
Klein Dratow
Kargow Unterdorf
Binnen-müritz
Strandstr.
Am Seeufer
Feisneck-see
Hofsee
Federow
Müritz
Nationalpark
Pension Zur Fledermaus
Teufels-bruch
Warnker See
Schwarzenhof
Spuk-loch
Rederang-see
Müritzhof
Specker Horst
Specker See
Speck
Käflings-berge
Hof-see
Priester-bäker See
M ü r i t z
Boeker Forst
Wildpark
Boek
Feriendorf Boeker Mühle
Anglerhof
Bolter Schleuse
Woterfitz-see
Ludorf
Hafendorf
Luftfahrttechnisches Museum
Rechlin-Nord
N
1000 m

Tour 2: Radtour von Waren (Müritz) zur Boeker Mühle

Tour im Überblick

Karte: ▸ Seite 129

Charakteristik: Gut ausgebauter Radweg, leichte Steigungen

Start: Waren (Müritz)

Ziel: Bolter Kanal

Strecke: Waren/Stadthafen – Federow – Schwarzenhof – Speck – Boek – Bolter Kanal

Entfernung: ca. 23 km (Hinweg)

Dauer: 4–5 Stunden

Rückfahrt alternativ: Mit dem Nationalpark-Ticket per Schiff oder Bus nach Waren (Müritz), die Fahrradmitnahme ist möglich. Der Radweg geht weiter über Rechlin, Röbel, Klink nach Waren – Müritzumrundung ca. 80 km

Einkehrtipp: *Die Bunte Kuh* in Federow (▸ Seite 63)

Diese Radtour führt quer durch den Müritz-Nationalpark durch eine wald- und wasserreiche Landschaft. An vielen Stellen gibt es Aussichtsplattformen oder Türme, um Tiere zu beobachten.

Die Tour startet in Waren (Müritz) am Stadthafen, von dort führt ein ausgeschilderter Radweg (grünes Fahrrad und blaue Müritz auf weißem Grund) Richtung Süden entlang der Straßen Am Seeufer und Specker Straße in den Nationalpark.

Nach acht Kilometern erreicht man das Nationalparkdorf **Federow** (▸ Seite 62). Am Anfang liegen gleich die Nationalparkinformation mit Liveschaltung zu einem Fischadlernest und die Einkehrmöglichkeit *Die Bunte Kuh*. 500 Meter weiter geradeaus steht das *Gutshaus Federow* mit schöner Terrasse, daneben bietet die Ruine der *Alten Schnapsfabrik* eine interessante Kulisse. Hinter dem Gutshaus befindet sich der **Hofsee,** es gibt einen kleinen Rundweg und einen Beobachtungsturm. Nicht weit vom Gutshaus entfernt steht die Hörspielkirche (▸ Seite 62).

Daran vorbei führt der Radweg weiter Richtung **Schwarzenhof** (▸ Seite 64) nun links von der Straße durch ein Kiefernwäldchen. Manchmal ist dieser Weg sehr sandig. In Schwarzenhof befindet sich am Anfang rechts in einem Hofgarten *Üdi's Imbiss* und nicht weit davon entfernt auf der anderen Seite das *Hotel Kranichrast*. Direkt hinter dem Hotel macht der Radweg einen kleinen Schlenker, blickt man zurück, sieht man auf den Hochspannungsmasten Fischadlerhorste.

Der nächste Ort heißt **Speck** (▸ Seite 64), hier stößt die Straße auf die *Alte Schmiede* mit Information und Imbiss, rechts geht es zur Specker Kirche aus leuchtend gelben Backsteinen, dem verlassenen Jagdschloss und einer 700 Jahre alten Eiche. Der Radweg führt an der Schmiede links vorbei in den Wald, von hier an ist privater Autoverkehr verboten. Etwa nach drei Kilometern gibt es links einen Abzweig zum Aussichtsturm auf dem **Käflingsberg**

(▸ Seite 61). Der Weg geht recht steil anderthalb Kilometer bergan. Viele lassen die Räder am Hauptweg stehen und gehen die Strecke zu Fuß. Die Besteigung des Turms lohnt sich, oben erwartet den Besucher eine traumhaft schöne Aussicht über den Nationalpark.

Danach geht es circa sieben Kilometer geradeaus durch den Wald, vorbei am **Priesterbäker See.** Es kommt eine große Wegkreuzung, wo wir rechts Richtung Amalienhof abbiegen und von dort anderthalb Kilometer weiter nördlich nach **Boek** (▸ Seite 69) fahren.

Dieses kleine Dorf ist der südliche Nationalparkeingang. Hier befinden sich eine Informationsstelle und ein Zinnmuseum, sehenswert ist die Dorfkirche.

Von Boek geht es südlich circa drei Kilometer weiter bis zum **Bolter Kanal.** Dazu biegen wir am Campingplatz C15 ab und fahren zum Ufer der Müritz. Circa 800 Meter weiter verläuft der Bolter Kanal mit Schiffsanleger. Der Nationalpark-Bus hält am Campingplatz und fährt zurück nach Waren. Am Bolter Kanal liegt das Restaurant *Zum Seeadler.*

Zwei Kilometer weiter südlich lohnt ein Besuch der Müritzfischer in der Fischer-Rotunde mit Fischrestaurant (▸ Seite 70).

Der Käflingsbergturm bietet einen herrlichen Rundblick über den Müritz-Nationalpark

Tour 3: Radtour um den südlichen Plauer See

Tour im Überblick

Karte: ▸ Seite 135

Charakteristik: Erlebnisreiche Tour, mittlerer Schwierigkeitsgrad, einige Steigungen

Start: Plau am See

Ziel: Lenz

Strecke: Plau/Blaue Hubbrücke – Bad Stuer – Zislow – Lenz

Entfernung: 26,5 km (Hinweg)

Dauer: 3 Stunden

Rückfahrt: Mit dem Dampfer ab Lenzer Krug zurück nach Plau am See

Einkehrtipp: *Mütze's Räucherfisch* am Bärenwald (▸ Seite 103)

Tipp: Badezeug einpacken, Abstecher zum Bärenwald, mit Tour 4 kombinierbar

Der Plauer See ist der zweitgrößte See der Mecklenburgischen Seenplatte, er hat eine ausgezeichnete Wasserqualität. Diese Radtour führt fast immer am Ufer entlang und bietet schöne Ausblicke und viele Bademöglichkeiten. Zurück geht es mit dem Dampfer.

Die Tour beginnt in **Plau am See** an der Blauen Hubbrücke, ungefähr 200 Meter fahren wir Richtung Süden auf der Dammstraße, biegen dann links ab, fahren wieder links Richtung Stadt bis zum Wasser, unter einer Brücke durch und biegen dann rechts ab. Jetzt sind wir am Uferweg. Dieser Weg führt links neben der B 103 weiter Richtung Süden, bis wir an eine größere Kreuzung kommen. Hier geht die Seestraße links ab, der Radweg ist wieder links neben der Straße. Etwa 100 Meter hinter dem Strandhotel fahren wir ganz links direkt am Ufer entlang bis zum *Campingplatz Zuruf*. Er liegt auf einer Landzunge und hat einen schönen Badestrand. Wir durchfahren den Campingplatz und bleiben weiter am Ufer. Hier lohnt ein Blick zur Herrmann-Niemann-Straße 16, dem ehemaligen Wohnhaus des Bildhauers Wilhelm Wandschneider, vor dem die überlebensgroße Plastik des *Coriolan* steht, ein nackter, römischer Feldherr.

Weiter geht es direkt am Ufer entlang, vorbei am Stadtteil **Seelust** (mit mehreren Einkehrmöglichkeiten), immer weiter, dann circa zwei Kilometer durch den Wald bis **Dresenower Mühle.** Das Ferienresort *Anneliese Pohl* bietet Badestrand, Strandbar und Restaurant. Direkt vom Resort aus führt der gut ausgeschilderte Radweg zum Campingplatz Bad Stuer, von dort aus zum Hotel *Stuersche Hintermühle*. Hier empfiehlt sich ein Abstecher rechts durchs Tal der Eisvögel, wo die kleinen Vögel mit dem schillernd blauen Gefieder noch recht häufig anzutreffen sind, zum *Bärenwald Müritz* (▸ Seite 102) und zu *Mütze's Räucherfisch* (1 km). Hier kann man auf Holzbänken im Freien Platz nehmen und sich mit frischen, noch warmen Räucherfischspezialitäten verwöhnen lassen.

Wer gleich weiter fahren will, muss etwas bergauf strampeln, vorbei an

Bootssteg mit Aussicht am südlichen Plauer See

der ehemaligen Kuranstalt von **Bad Stuer.** Wer sicher ankommen will, fährt oben an der Straße fünf Kilometer entlang bis **Zislow,** hier muss man den Weg mit nur wenigen Autos teilen. Abenteuerlustige bleiben direkt am Uferweg, umfahren den **Suckower See,** je nach Witterung kann es hier auch mal morastig werden.

In **Zislow** (▸ Seite 104) gibt es einen großen Pferdehof, eine sehenswerte achteckige Dorfkirche und einen Badestrand mit Strandbar *Beachpoint Nr. 1.* Unser Weg führt am Ufer weiter zwischen zwei Campingplätzen. Nach dem Naturcampingplatz folgt das Restaurant *Zwei Seen.* Danach weiter am Ufer, bis es steil bergan geht zur **Lenzer Höh,** ein Blick, den man sich nicht entgehen lassen sollte. Aber Vorsicht, ganz oben führt nur ein schmaler Wurzelpfad entlang. Für Radfahrer mit Gepäck gibt es eine gut markierte Ausweichstrecke über die Ferienanlage Lenzer Höh. Am besten umfahren, die Räder parken und die Lenzer Höh zu Fuß erklimmen. Danach weiter zum Strandbad am Lenz. Hinter der Brücke über den **Elde-Wasser-Kanal** befindet sich der *Lenzer Krug.* Dort ist auch die Dampferanlegestelle nach Plau oder Malchow.

Die Weiterfahrt ist auch auf Tour 4 möglich oder hinter der Brücke bergab über den Uferweg nach **Malchow** (▸ Seite 88), fünf Kilometer bis ins Zentrum. Ebenfalls fünf Kilometer sind es bis zum *Affenwald* und der Sommerrodelbahn (▸ Seite 93). Dazu bleibt man auf der Chaussee, weiter den Berg rauf, hinter dem Wald (nach drei Kilometern) biegt man links ab, kommt nach einem Kilometer auf die Lange Straße, dort links und gleich wieder rechts bis zur Hauptstraße, der Karower Chaussee. Dort ist kein angenehmes Radeln, aber der Weg ist kurz. Durchhalten lohnt!

Tour 4: Radrundtour Malchow–Alt Schwerin–Sparow–Malchow

Tour im Überblick

Charakteristik: Leichte Radtour auf unbefestigten Wegen, entlang von Fluss- und Seeufer

Start: Malchow

Ziel: Malchow

Strecke: Malchow/Drehbrücke – Lenz – Jürgenshof – Alt Schwerin – Sparow – Malchow

Entfernung: 22 km

Dauer: 3–4 Stunden

Einkehrtipp: *Lenzer Krug* in Lenz (▸ Seite 104)

Tipp: Schwimmsachen einpacken für eine Badepause in Sparow am Drewitzer See

Beschauliche Tour von Malchow entlang des Petersdorfer Sees zum Plauer See bis nach Alt Schwerin und weiter bis zum Drewitzer See. Das umfangreiche agrarhistorische Museum und dazu noch die vielen schönen Einkehr- und Bademöglichkeiten sind geeignet für eine Ganztagestour.

Los geht es in **Malchow** an der Drehbrücke (▸ Seite 89). Auf der Kirchenstraße hinter dem Restaurant *Poseidon* in die Mühlenstraße abbiegen. Die Straße bis ans Ende fahren, dann weiter auf den Feldweg.

Wem dieser Weg zu beschwerlich ist, der fährt rechts hinauf auf die Straße Neue Heimat. Ab dem **Recken** gibt es unten wieder einen breiteren Waldweg, dem wir bis zum **Lenz** (▸ Seite 104) folgen können. Zwei Mal geht er kurz vom Ufer weg, führt aber nach der Schleife wieder am Ufer entlang. Es geht unter der A 19 durch, kurz entlang der Autobahn und zurück zum **Petersdorfer See.**

Auch beim Forsthaus Biestorf gibt es einen Schlenker bis zur Straße, dahinter geht es aber wieder zum Ufer. Wer will, kann auch auf der Straße bleiben, denn beide Wege führen zum *Lenzer Krug* und zur Dampferanlegestelle. Ein schöner Sandstrand lädt zum Baden ein.

Kurz vor dem Restuarant *Lenzer Krug* (▸ Seite 104) biegt man nach rechts in den Radweg Plauer See (grüner Radfahrer auf weißem Grund) ein. Nach ungefähr zwei Kilometern kommt der Naturcampingplatz Malchow mit Bademöglichkeit und Biergarten. Weiter geht es am Uferweg nach **Jürgenshof** und zum Traditionsrestaurant *Forelle* der Alt Schweriner Fischer. Von dort sind es noch circa zwei Kilometer nach **Alt Schwerin** zum *Agroneum* (▸ Seite 105). In dem sehenswerten agrarhistorischen Freilichtmuseum dreht sich alles um die Landwirtschaft Mecklenburgs.

Hinter dem Museum geht es links circa zwei Kilometer bis nach **Sparow.** Am Gutshaus fahren wir links zum Antikhof Malow und weiter zur Badestelle am Drewitzer See (▸ Seite 86).

Im Dorf Sparow führt ein Feldweg zurück nach **Malchow,** wir kommen über das Industriegebiet wieder ins Zentrum.

Mönchbusch
Drewitzer See
Nossentiner Hütte
Silz
NSG
192
Leisten
Alt Schwerin
Agroneum
Sparow
Teerschwelerei
Tauchow-see
Jürgenshof
Quetzin
103
A19
Malchow
Tour 4 Start
Plau am See
Plauer See
Malchow
Dreh-brücke
„Lenzer Krug"
Kloster Malchow
Tour 3 Start
Petersdorfer See
Recken
Lenzer Höh
192
Petersdorf
Restaurant „Zwei Seen"
Kletterpark
Heidberg
Adams-hoffnung
Grüssow
Camping-platz
Plötzen-höhe
Coriolan
Am See
Zislow
Langenstücken
Neu-Grüssow
Pferdehof
Seelust
Silbermühle
Satow Hütte
Ausweich-route
Vila Vita
Anneliese Pohl
Suckower See
Suckow
Satow
Kogeler See
Kogel
A19
Twietfort
Bad Stuer
Stuersche Hintermühle
Rogeezer See
N
Tal der Eisvögel
Bärenwald
Stuerscher See
Rogeez
1000 m
NSG
Mütze's Räucherfischimbiss
Stuer
Neu Stuer

Tour 5: Rad-Erlebnistour „Wisente und Schlösser" (Rundtour)

Tour im Überblick

Charakteristik: Leichte Radtour, mit Schiff kombinierbar (ab Waren (Müritz), Jabel, Malchow, Untergöhren oder Klink)

Start: Waren (Müritz)

Ziel: Waren (Müritz)

Strecke: Waren/Steinmole – Damerower Werder – Malchow – Göhren – Klink – Waren (Müritz)

Entfernung: 50 km

Dauer: 8 Stunden

Einkehrtipp: *Malchow Rosendomizil* (▸ Seite 92)

Los geht es in Waren (Müritz) auf der Steinmole Richtung Westen, zunächst immer am Ufer entlang, an Kamerun vorbei und an der Straße Zur Stillen Bucht rechts abbiegen.

Dann die B 192 überqueren und der Straße Eldenholz immer geradeaus und durch den Wald folgen. Dann links nach **Damerow,** von dort weiter zum Wisentreservat (▸ Seite 85). Diese Strecke radeln wir im Anschluss wieder retour bis hinter Damerow und fahren bei der Kreuzung, an der wir vorher links abgebogen sind, geradeaus die Straße Zum Werder weiter (links von uns liegt der **Jabelsche See**). Dann biegen wir an der L 205 links ab. Wir fahren durch **Jabel** und **Nossentin** bis **Silz.** Wir überqueren die Bahnschienen und fahren beim Kreisverkehr Richtung *Heidepark Silz,* von dort links neben den Schienen nach **Malchow** (▸ Seite 88). Die Strecke wird zum Schluss mit einigen Steigungen manchmal zur Schiebestrecke. Wer es bequemer mag, fährt nach dem *Feriendorf Silz* die nächste Möglichkeit rechts, wieder über die Schienen und über die L 20 nach Malchow. In Malchow folgen wir der Bahnhofstraße, die geradeaus weiter zur Güstrower Straße wird. Am Ende der Straße geht es links zur Drehbrücke und Altstadtinsel.
Am Ende der Insel fahren wir auf den Erddamm, geradeaus den Berg hoch und biegen hinter der Tankstelle links ab. Der Straße Laschendorf folgen wir, bis nach circa zwei Kilometern links ein Hinweis auf den alten Burgwall Laschendorf (Burgruine) auftaucht. Geradeaus geht es weiter nach **Untergöhren** und dort rechter Hand nach **Göhren-Lebbin** zum *Schloss Blücher.* Geradeaus weiter führt unser Weg nach **Wendhof.** Dort biegen wir an der zweiten Straße nach **Grabenitz** ab und von dort schließlich rechts auf die Klinker Straße.

In **Klink** fahren wir links die B 192 weiter, biegen rechts in die Schlossstraße, vorbei am *Schloss Klink* (▸ Seite 82), und dahinter links auf den Uferweg. Wer zum Bauernmarkt möchte (▸ Seite 82), fährt jedoch die B 192 weiter geradeaus. Von dort führt ein Weg zum Hafen Klink.

Weiter geht es links am Ufer entlang. Es geht noch einmal ein Stück auf die B 192. Hinter dem **Reeckkanal** rechts in den Wald abbiegen. Dieser Weg führt an der **Müritz** entlang bis zum Hafen von **Waren (Müritz).**

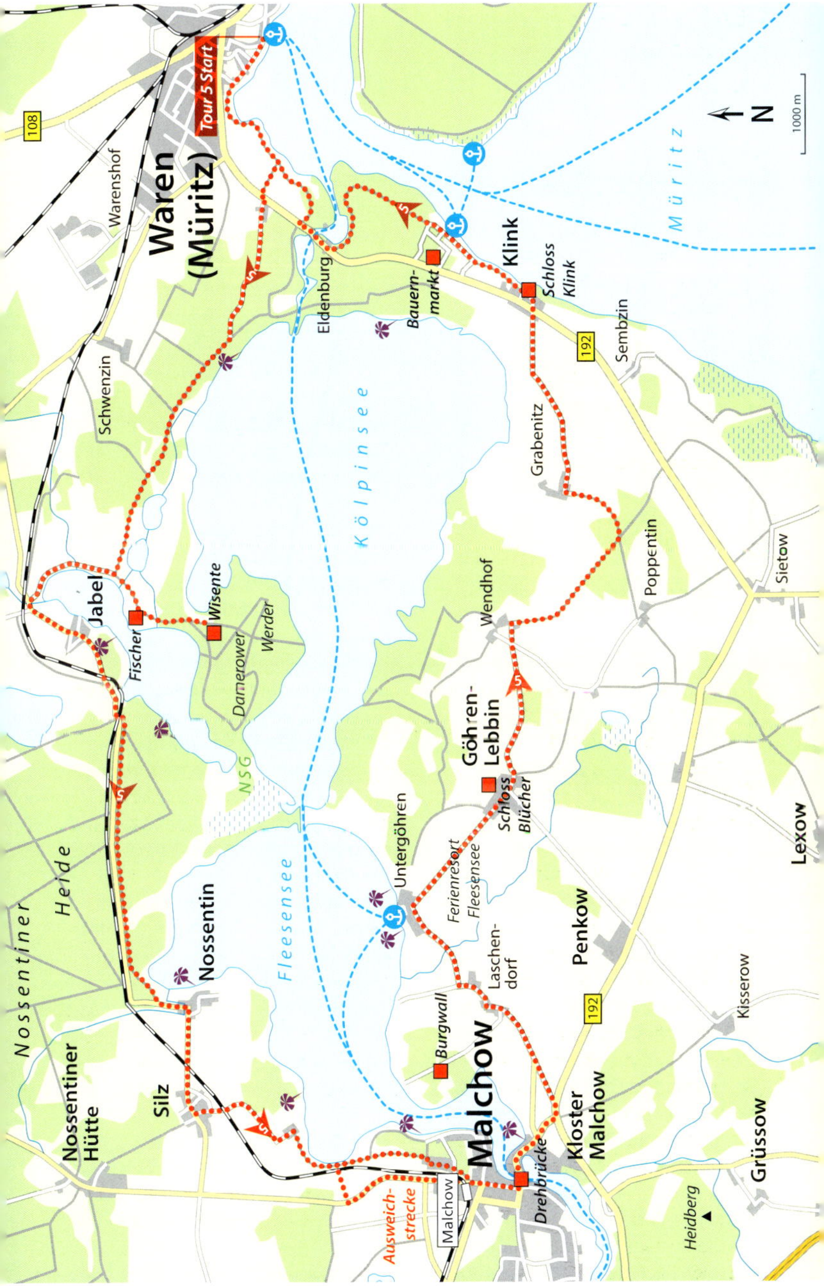
Waren (Müritz)
Tour 5 Start
108
Warenshof
Schwenzin
Eldenburg
Bauern-markt
Klink
Schloss Klink
Sembzin
192
Müritz
1000 m
N
Kölpinsee
Grabenitz
Poppentin
Sietow
Wendhof
Jabel
Fischer
Wisente
Damerower Werder
NSG
Göhren-Lebbin
Schloss Blücher
Untergöhren
Ferienresort Fleesensee
Fleesensee
Nossentin
Nossentiner Heide
Nossentiner Hütte
Silz
Laschen-dorf
Penkow
Lexow
Kisserow
Burgwall
Malchow
Kloster Malchow
Drehbrücke
Ausweich-strecke
Grüssow
Heidberg

Tour 6: Kanutour „Die Alte Fahrt" von der Bolter Mühle nach Mirow

Tour im Überblick

Charakteristik: Leichte Paddeltour zwischen Seerosenparadies und Mirower Schloss

Start: Bolter Schleuse

Ziel: Schlossinsel Mirow

Strecke: Bolter Schleuse Kanubasis „Alte Fahrt"– Caarpsee – Woterfitzsee – Leppinsee – Mössel – Großer Kotzower See – Kleiner Kotzower See – Granzower Möschen – Mirower See/ Schlossinsel Mirow

Entfernung: 12 km

Dauer: ca. 5 Stunden

Rückfahrt: mit dem Taxi, z. B. Taxi Moritz, Tel. (03 98 33) 2 04 54, Taxi Heise, Tel. (03 98 33) 2 67 26

Einkehrtipp: *Paddel-Paul* am Leppinsee (▸ Seite 111)

Tipp: Am Start gibt es einen Zeltplatz mit Sanitäranlagen, Parkmöglichkeiten, Haltestelle Nationalparkbus

Die Tour beginnt mit dem Einsetzen der Kanus in die Bolter Schleuse hinter dem Hotel Bolter Mühle.

Durch den **Bolter Kanal** geht es auf den **Caarpsee.** Wir paddeln in der Kernzone des Nationalparks, eine herrliche Schilflandschaft mit vielen Wasservögeln, Anlegen ist deshalb bis zum Ende des **Woterfitzsees** verboten, bitte die Nationalparkregeln vorher noch einmal durchlesen und immer zwischen den Grenzbojen bleiben.

Nach dem manchmal wellenreichen Woterfitzsee kommen wir in den **Leppinsee.** Am östlichen Ufer gibt es eine erste Rastmöglichkeit bei *Paddel-Paul*. Weiter geht es in südlicher Richtung über die **Mössel** (vielleicht entdeckt man hier einen Fischadler), den **Großen Kotzower See** (*Seerosenparadies*) und den **Kleinen Kotzower See** bis zum Granzower Möschen. Hier ist der Motorbootverkehr eigentlich nur Anliegern erlaubt, im Hochsommer verkehren hier aber trotzdem häufig größere Boote, sodass etwas Vorsicht in den kleineren Kanälen geboten ist.

Im **Granzower Möschen** gibt es hinter der Insel (von beiden Seiten umfahrbar) am östlichen Ufer die nächste Einkehrmöglichkeit *Bistro Entenhausen*. Am westlichen Ufer ist ein dichter Schilfgürtel, hier brüten viele seltene Wasservögel. Gleich neben dem Imbiss ist die Kanustation Granzow mit einem kleinen Badestrand. Nun ist es nicht mehr weit bis **Mirow** (▸ Seite 107). In knapp einer Stunde sind wir über den **Mirower See** zu unserem Zielort, der Schlossinsel, gepaddelt (▸ Seite 107). Hier erwarten uns gleich mehrere Sehenswürdigkeiten: das Schloss Mirow, das 3 Königinnen Palais, die Schlosskirche und der hübsch angelegte Park.

Achtung: Die Wasserskianlage an der westlichen Seite beachten. Der Kanuanleger befindet sich am südlichen Teil der Insel, genau an der *Alten Schlossbrauerei*.

Müritz
Boeker Mühle
Tour 6 Start
Bolter Schleuse
Bolter Mühle
Caarpsee
Woterfitzsee
endorf
Luftfahrttechnisches Museum
chlin-
rd
Hofsee
Leppinsee
Paddel-Paul
Schillersdorf
Qualzow
Großer Kotzower See
Retzow
Granzower Möschen
Müritz-Flugplatz
Bistro Entenhausen
Granzow
198
Lärz
Müritz-Havel-Wasserstr.
Mirower See
Mirow
Schlossinsel
N
1000 m
Mirow
198
Starsow

Tour 7: Kanutour auf der Havel von Kratzeburg nach Wesenberg

Tour im Überblick

Charakteristik: Anspruchsvolle, aber schöne Tour auf der Havel durch den Müritz-Nationalpark

Start: Kratzeburg

Ziel: Wesenberg

Strecke: Kratzeburg/Käbelicksee – Granziner See – Pagelsee – Zotzensee – Havelwehr – Babke – Jamelsee – Blankenförde – Görtowsee – Zierzsee – Useriner See – Schleuse Zwenzow – Großer Labussee – Havel – Woblitzsee/Wesenberg

Entfernung: 20 km

Dauer: Ein- oder Zweitagestour

Einkehrtipp: *Rookhus am See* am Labussee

Startpunkt ist Kratzeburg am Käbelicksee, bis Useriner See ist die Strecke für Motorboote gesperrt.

Bei der Halbinsel westlich vorbei, kommt man in den **Havellauf.** Der **Granziner See** ist eng, Vorsicht bei Gegenverkehr. Am **Schulzensee/ Granziner Mühle** liegt die Einfahrt etwas versteckt. Hier wird das Boot circa 700 Meter über Land befördert mittels Lorenbahn! Außerdem gibt es einen Wasserwander-Rastplatz und schöne Einkehrmöglichkeiten: *Granziner Mühle* und *Töpferhof Steuer.*

Weiter geht es auf dem **Pagelsee** und am südlichen Ende über die **Havel** zum **Zotzensee** – Nationalparkbegrenzung, bitte nur entlang der Bojen paddeln. Das Seeufer ist schilfreich und vielleicht sieht man einen Seeadler. Dann kommt das **Havelwehr.** In **Babke** gibt es wieder eine Umtragestelle, diesmal per Bootsschleppe. Außerdem gibt es einen Wasserwander-Rastplatz und Imbiss beim *Havel-Nationalpark-Fischer.* Dann kommt der **Jäthensee,** auch hier nur entlang der Bojen. Weiter geht es auf der **Havel.**

In **Blankenförde** gibt es eine Kanubasis, einen Badestrand und den *Havel-Schlemmerstopp.* Weiter geht es auf dem **Görtowsee,** einem Seerosenparadies, dann folgt der **Zierzsee** (Bojen beachten). Das Ufer ist sehr sumpfig – nicht anlegen. Danach kommt der **Useriner See,** mit Imbiss und Badestrand in **Useriner Mühle.** Am südlichen Ufer liegt die **Schleuse Zwenzow,** Öffnungszeiten beachten, sonst umtragen mit Bootswagen.

Der **Große Labussee** ist windreich, daher in Ufernähe paddeln. Sehr zu empfehlen ist das *Rookhus am See.* Hier können wir eine Verschnaufpause einlegen, bevor es auf der **Havel** weitergeht, wo jetzt auch Motorboote dazukommen.

Auf dem **Woblitzsee** sind bei Süd-West-Wind starke Wellen, daher besser am Ufer bleiben. Gleich am Eingang des Sees rechts abbiegen zu Camping Haveltourist, Imbiss, Badestelle und Hochseilgarten.

Dann kommt **Groß Quassow,** danach **Wesenberg** und ein weiterer Wasserwander-Rastplatz (der Bahnhof liegt am anderen Ende der Stadt, circa zwei Kilometer).

Tour 7 Start
Kratzeburg
Liepen
Lieper See
Kratzeburg
Dalmsdorf
Granziner See
Käbelick-see
Adams-dorf
Granzin
Havel
Pagelsee
Umtragestelle 700 m Landtransport
Großer Bodensee
Krienke
Langhäger See
Langhagen
Zotzen-see
Großer Säfkowsee
Wiesen-thal
Umtragestelle/ Havelwehr
Kramsee
Pralank
Blanken-förde
Useriner
Kakeldütt
Jäthen-see
Abstecher
Lindenberg
Roggen-tin
See
Userin
Groß Quassow
Zwenzow
Useriner Mühle
Zwenzower
Schleuse Zwenzow
Großer Labussee
Havel
Tannen
Voß-winkel
Klein Quassow
Leussow
Rookhus am See
Below
Woblitz-see
Wesenberg
198
Wesen-berg
Zirtow

Kartenverzeichnis

Umgebungspläne

Ortspläne

Tourenkarten

Symbole auf den Karten

- Touristeninformation
- Top-Highlight
- Sehenswürdigkeit
- Badestelle
- Aussichtspunkt
- Parkplatz
- Haltestelle
- Hafen

Die Autorin

Dolores Kummer lebt als Reisejournalistin in Berlin und schreibt für deutsche und österreichische Medien. Aufgewachsen ist sie in Malchow am Fleesensee. Sie kennt die Müritz-Region wie ihre Westentasche, dennoch entdeckte sie für diesen Reisführer viel Neues und Überraschendes. Besonders begeistert war sie von den Menschen, die trotz schwieriger Zeiten den Kopf nicht in den Sand stecken, sondern an ihren Träumen festhalten.

Liebe Leserinnen und Leser,

alle Angaben in diesem Reiseführer sind gewissenhaft geprüft. Trotz gründlicher Recherche unserer Autorinnen und Autoren können sich manchmal Fehler einschleichen. Wir bitten um Verständnis, dass der Verlag dafür keine Haftung übernehmen kann.

Über Hinweise, Berichtigungen und Ergänzungsvorschläge freuen wir uns jederzeit:

via reise verlag
Lehderstraße 16–19
13086 Berlin
E-mail: post@viareise.de
www.viareise.de

2. komplett überarbeitete Auflage,
Berlin 2017

ISBN 978-3-945983-28-7

Text & Recherche
Dolores Kummer

Redaktion
Natalie Hanß

Layout & Gestaltung
Annelie Krupicka

Kartografie
Stephan Moskophidis,
Annelie Krupicka

Druck
Ruksaldruck, Berlin

FSC www.fsc.org MIX Papier aus verantwortungsvollen Quellen FSC® C104247

Fotos
Dolores Kummer, außer:
1966kessy 102; Ahrent, Heike 10/11, 13; BTOIPS 122; Drozdp 121; Drühl, Christin 106; Eandré 118; Falk, Torsten 101; Fischerhof Vipperow 73; Fotolia 14/15, 27, 66; Gutshaus Ludorf 80; Heinrichs, Torsten 71; High Contrast 74; Leiser, Niels 3, 33, 35, 70, 126/127; Maiki7 65; Manske, Magnus 21; Müritzeum 49; Niteshift 64; Nitzsche, Julian 68; Pixabay 17; Pixelio/bildpixel 7, 76, 83; Pixelio/Dehn, Hans-Peter 18; Pixelio/Liebisch, Karl-Heinz 6; Schiwago 22; Seerabe 89, 90; Shutterstock 19; Tourismusverband Mecklenburg Vorpommern/Torsten Krüger 97; Waren (Müritz) Kur- und Tourismus GmbH 44

Umschlag vorn
An der Müritz (Fotolia)

Umschlagklappe vorn
Kutsche im Müritz-Nationalpark (Dolores Kummer)

Umschlag hinten
Stadthafen in Waren (Waren (Müritz) Kur- und Tourismus GmbH)